JN451134

대화적 읽기

리터러시교육총서

대화적 읽기

김명민 지음

대한민국, 서울, 학이시습, 2025

대화적 읽기

지은이 김명민
펴낸이 박영률

발행일 2025년 12월 15일

학이시습
출판등록 2007년 8월 17일 제313-2007-000166호
02880 서울시 성북구 성북로 5-11 (성북동1가 35-38)
전화 (02) 7474 001, 팩스 (02) 736 5047
learningbooks@commbooks.com
www.commbooks.com

Lifelong Learning Books
5-11, Seongbuk-ro, Seongbuk-gu, Seoul, 02880, KOREA
phone 82 2 7474 001, fax 82 2 736 5047

학이시습은 커뮤니케이션북스(주)의 평생학습 전문 브랜드입니다.
저작권자와의 협의에 따라 발행했으므로, 본사의 서면 허락 없이는
어떠한 형태나 수단으로도 이 책의 내용을 이용할 수 없습니다.

ⓒ 김명민, 2025

ISBN 979-11-430-1409-2 93370

책값은 뒤표지에 있습니다.

편향을 넘어 대화로

우리가 살고 있는 현대 사회는 갈등의 양상이 더 복잡해졌다. 젠더, 인종, 민족, 종교에서 초래된 혐오가 일상화되고 있다. 세대 간의 차이, 성별의 차이, 계층 간의 신념과 가치는 더욱 얽혀 있다. 문제는 윤리 부족보다 윤리의 편향성에 있는 것은 아닐까?

해석의 다양성이 존중받는 시대이지만, 실제로는 각자 자신의 해석만을 정당하다고 여기는 경향이 강해지고 있다. 사람들은 특정 프레임을 통해 현실과 텍스트를 재단하고, 자신의 관점이 객관적이고 합리적이라고 확신한다. 이런 '공정하다는 착각'은 타인의 목소리에 귀 기울이기보다, 자기 해석을 확증하는 데 집중하게 만들고, 결국 대화는 사라진다.

이러한 문제는 교실에도 영향을 미치고 있다. 교사나 학습자가 텍스트를 해석할 때 자신의 신념을 강하게 드러내기도 한다. 의견 충돌이 발생한다. 교사는 딜레마에 직면한다. 개인 의견과 취향을 존중해야 할까? 협소한 프레임과 편견을 극복하도록 도와야 할까? 전자는 상대주의의 위험을 내포한다. 모든 것이 다 괜찮다는 식으로 흘러갈 수 있다. 후자는 절대주의의 위험을 안고 있다. 가치의 검열과 획일화가 일어날 수 있다.

실제 교육 현장에서 이와 유사한 상황들이 관찰되고 있다. 중학교 독서 수업에서 한 남학생이 『춘향전』에 대해 체계적인 비판을 제기한 사례가 있었다. 그는 일부 집단의 관점에서 춘향을 문제적 인물로 보았고, 이러한 작품을 교육과정에 포함하는 것 자체가 문제라고 주장했다. 그의 논리는 정교했고 나름의 일관성을 가지고 있었다. 하지만 그 순간 교실은 침묵에 빠졌다. 교사는 어떻게 응답해야 할지 막막했고, 다른 학생들은 당황한 기색이었다.

이처럼 독자가 특정 관점만으로 작품을 해석하고, 그것이 객관적이고 정당한 유일한 해석이라고 믿을 때, 공감과 대화의 가능성은 위축된다.

독자 반응 중심의 읽기 교육은 이런 딜레마를 복잡하게 만든 측면이 있다. '내 반응은 모두 정당하다'는 태도의 확산은, 공동체적 해석 노력의 약화로 나타났다. 각자의 해석을 존중한다는 이유로, 텍스트에 대한 책임 있는 해석과 가치 판단은 간과되었다.

문학 교육의 가능성과 한계

그렇다면 어떻게 해야 할까? 나의 좋음이 타자의 다른 좋음과 함께 공존할 수 있는 사회를 어떻게 만들 수 있을까? 품성 있는 독자를 키우는 일을 독서 교육에서는 어떻게 담당할 수 있을까?

많은 연구자들은 문학을 대안으로 제시한다. 누스바움은 문학이 추상적 이론의 한계를 넘어 인간의 염원과 갈등을 구체적 상황으로 보여 주는 힘을 지녔다고 보았다(Nussbaum, 1995/2013). 이를 통해 타인의 경험을 상상하고 다른 삶의 가능성을 탐색할 수 있다는 것이다.

우리는 문학을 통해 타인의 경험을 상상하고 다른 삶의 가능성을 탐색할 수 있다. 독자들은 소설 속 등장인물들에게 감정이입한다. 등장인물들의 선택과 결정을 보며 자신을 성찰한다. 여기서 아리스토텔레스(Aristoteles)가 말한 실천적 지혜(phronēsis)를 연습할 기회를 얻는다.

실천적 지혜란 무엇인가? 구체적인 상황에서 분별 있게 판단하는 능력이다(Aristoteles, 2011). 정해진 도덕 규칙으로는 해결할 수 없는 복잡한 현실을 살아가는 데 필요한 지혜다. 아리스토텔레스는 인간의 좋은 삶이 외부의 절대적 도덕 규칙을 학습하는 것으로 이루어지지 않는다고 보았다. 구체적 삶의 맥락 속에서 경험, 숙고, 타인의 말에 귀 기울이는 능력을 바탕으로 상황에 맞는 중용을 찾아가는 판단 능력이 필요하다고 했다(Aristoteles, 2011).

문학은 이런 지혜를 연습할 수 있는 구체적인 상황을 제공한다. 윤리적 목표와 도덕적 규범이 실천적 차원에서 갈등을 빚을 때, 구체적인 상황에서 어떤 선택을 할 것인가 하는 갈등 상황을 추체험하게 한다. 독자는 이야기 속 인물들의 행동과 선택이 옳았는지, 자신이라면 어떤 선택을 했을지 상상하며 여러 가치에 대해 숙고하고 추론해 본다.

하지만 여기에 함정이 있다. 혼자 읽으면 정말 달라질까?

혼자 읽기의 한계와 함께 읽기의 딜레마

현실을 보자. 우리는 고전을 읽고 문학작품을 접한다. 하지만 여전히 편향에서 벗어나지 못한다. 왜 그럴까?

인간은 자신이 지닌 경험, 선입견, 신념에서 빠져나오기 어렵다. 아무리 훌륭한 작품이라도 내 안에 있는 관점을 확인하는 도구가 되기 쉽다. 문학 텍스트에 함축된 심오한 가치도 독자가 자신이 지닌 틀에서 빠져나오지 못하면 무용지물이 될 수 있다. 자기 확신적 독자, 스스로의 옳음을 강화하는 독자는 결국 읽기의 편향성을 심화할 위험이 있다.

소크라테스(Socrates)는 문자가 살아 있는 말과 달리, 독자와 상호작용이 없는 '비대화적 존재'임을 우려했다. 이를 인용한 옹(Walter Ong)은 문자 텍스트가 '죽은 텍스트', 즉 경직된 응고물이 되어 타인의 목소리가 아닌 자기 생각을 반사하는 거울로 전락할 수 있다고 지적했다(Ong, 1982/2018). 독자가 자신의 해석 틀에 갇혀 있을 때, 텍스트는 더 이상 대화의 상대가 아닌 자기 확증의 수단이 된다.

그렇다면 해답은 함께 읽는 것일까? 독서 토론회를 하고, 책을 함께 읽으면 될까?

우리 주변을 보자. 사람들은 이미 충분히 함께 읽고 있다. 온라인 커뮤니티에서, 독서 모임에서, 토론방에서. 그런데 결과는 어떤가?

비슷한 생각을 가진 사람들끼리 모여서 서로의 의견을 확인해 주는 일이 더 많다. 일라이 파리저가 명명한 '필터 버블(filter bubble)'(Pariser, 2011) 현상이 대표적이다. 알고리즘이 우리의 과거 검색 기록과 선호도를 분석해 맞춤형 정보만 제공하면서, 우리는 점점 더 자신의 기존 믿음을 확인해 주는 정보에만 노출된다. 결과적으로 세상은 더 복잡해지는데 우리가 접하는 정보는 오히려 단순해지는 역설이 벌어진다.

특정 댓글부대나 편향된 단체들을 살펴보자. 그들도 열심히 함께 읽는다. 함께 토론한다. 하지만 그 결과는 편향의 강화다. 다양성이란 이름으로 포장되었지만, 실제로는 획일성이 지배하는 경우가 많다. 여러 명이 똑같은 방식으로 읽는 것은 대화가 아니다. 그것은 구호에 가깝다. 그렇다면 무엇이 문제일까? 우리는 함께 읽되, 어떻게 읽어야 할지를 물어야 한다.

공동추론을 통한 대화적 읽기

여기서 핵심은 '다른 목소리'다. 여러 명이 다른 의견을 내고 영향을 주고받을 때 비로소 대화가 시작된다.

부스(Wayne C. Booth)는 이를 해결할 방법을 제안했다. 바로 '공동추론(co-duction)'이 이를 가능하게 한다. 공동추론이란 무엇인가? 혼자 판단하지 않고 다른 사람들과 함께 생각해 보는 과정이다. 내가 판단을 한 후에 증거를 제시하는 것이 아니다. 다른 사람들의 반응을 통해 내 생각을 변화시키는 것이다(Booth, 1988:70).

그에게 읽기란 이미 확립된 견해를 두고 벌이는 단순한 논쟁이 아니라, 타인과의 대화를 통해 평가가 계속 수정되고 갱신되는 일종의 재독서 과정(Booth, 1988:71)이었다.

따라서 부스가 말한 '공동추론'은, 읽기를 증명이나 결론의 논리가 아니라 대화 속에서 더 나은 인식을 찾아가는 과정으로 이해하려는 시도이기도 하다.

부스는 주관주의와 절대주의를 극복할 방법으로 공동추론을 제시했다. 모든 해석을 동등하게 취급하는 주관주의는 자칫 회의주의로 흐를 위험이 있다. 반면 절대주의는 획일화된 해석을 강요하는 독단에 빠질 위험이 있다.

공동추론 과정에서 독자는 여러 역할을 체험한다. 문학작품을 읽는 실제 독자이지만, 동시에 저자의 목소리에 귀 기울이는 청자가 된다. 저자가 말하려는 가치를 파악한다. 그것을 받아들일 만한지 비판적으로 검토한다. 수용하거나 거절하거나 개선책을 숙고한다.

이는 단순히 텍스트를 이해하는 것이 아니다. 텍스트를 통해 타인의 삶을 경험하고, 그 가치에 응답한다. 앞서 언급한 『춘향전』 수업의 그 학생도, 만약 자신의 해석에서 한 걸음 더 나아갔다면 어땠을까? '춘향이가 문제적 인물이다'라는 판단에서 멈추지 않고, '그렇다면 작가는 왜 춘향이를 이렇게 그렸을까? 조선 후기 사회에서 이런 인물을 통해 무엇을 말하고 싶었을까?'라고 질문했다면 말이다.

바로 이것이 바흐친(Mikhail Bakhtin)이 강조한 '응답성(answerability)'이다. 책을 읽는다는 것은 저자와의 대화이고, 우리의 해석은 그 시대의 작가와 대화하려는 상상력에서 시작되는 책임 있는 응답이다. 바흐친에게 응답성이란 타인의 목소리에 대한 윤리적 책임을 의미한다(Morson & Emerson, 1990/2020). 단순히 텍스트를 수동적으로 받아들이는 것이 아니라, 저자의 목소리에 능동적으로 응답하며 대화에 참여하는 것이다. 독자는 자신의 판단을 공동체 안에서 숙고하는 인격적 만남을 경험한다.

이런 대화적 읽기는 무엇을 가능하게 할까? 독자가 문학작품에서 경험한 감상을 훼손하지 않는다. 동시에 자신의 감정과 가치 판단에 거리를 두고 성찰할 수 있게 한다. 독서 공동체의 활발한 토의를 도모한다. 동시에 자신이 속한 공동체의 집단적 가치를 넘어 더 합당한 가치를 지향하도록 돕는다.

문학작품을 통해 배운 타인의 다른 좋음을 자신의 삶으로 받아들이는 것. 이는 나 역시 타인에게 좋은 관계를 맺고자 하는 태도를 배우는 것이다. 누스바움이 '문학적 재판관'을 '자신의 시대와 영토의 형평을 맞추는 자'라고 표현한 것처럼, "다른 사람의 고통을 정확하게 상상하여 사려 깊게 측정하고, 나아가 그것에 관여하고 또 그것의 의미를 물을 수 있는 능력(Nussbaum, 1995/2013)"을 기르는 것이다.

대화적 읽기와 리터러시의 새로운 지평

이 책은 자신과 자신이 속한 공동체의 틀에서 벗어나 낯선 타인과 관계를 맺고 인간의 좋은 삶을 상상할 수 있는 품성 있는 학습자를 키우는 대화적 읽기의 이론과 실천을 제시한다.

갈등과 대립이 일상화된 현대 사회에서 리터러시 교육이 단순한 독해나 분석을 넘어 어떻게 인격 형성과 공동체 윤리 함양에 기여할 수 있는지, 편향된 읽기의 문제를 어떻게 극복하고 건설적 대화를 이끌어 낼 수 있는지에 대한 구체적 방법론을 담고 있다.

이론적 토대에서 교실 적용 사례까지, 공동추론 기반 대화적 읽기의 핵심 요소들을 리터러시 교육 현장에서 바로 활용할 수 있는 형태로 제시한다. 현장 교사와 교육 연구자, 그리고 책임 있는 읽기를 추구하는 일반 독자 모두에게 유용한 리터러시 교육의 새로운 안내서가 될 것이다.

평론가 신형철의 말을 빌리면 문학은 '이미 존재하는 인간'을 향한 말 걸기와 더불어 '장차 도래할 인간'을 향한 말 걸기가 되어야 한다(신형철, 2008). 문학 교육은 문학을 익숙한 것으로 바꾸려 하기보다, 낯선 타자와의 만남을 통해 다름 아닌 그 자신을 바꾸는 것이어야 한다.

이 책이 더 많이 읽는 시대가 아니라, 더 책임 있게 읽는 시대를 만들기 위한 첫걸음이 되기를 바란다. 친애의 공동체와 건전한 공론의 장을 만들고, 존재를 변화시키고 확장하는 대화적 읽기. 이 책이 그 이론과 실천을 교육 현장에 뿌리내리는 데 작은 목소리가 되기를 기대한다.

참고문헌

김욱동(1999). 『대화적 상상력: 바흐친의 문학 이론』. 문학과지성사.

신형철(2008). 『볼락의 에티카』. 문학동네.

Aristoteles. *Nicomachean Ethics.* 강상진·김재홍·이창우 옮김(2011). 『니코마코스 윤리학』. 도서출판 길.

Booth, W. C.(1988). *The Company We Keep: An Ethics of Fiction.* University of California Press.

Morson, G. S., & Emerson, C. (1990). *Mikhail Bakhtin: Creation of a Prosaics.* Stanford University Press. 오문석·차승기·이진형 옮김 (2020). 『바흐친의 산문학』. 앨피.

Nussbaum, M. C.(1995). *Poetic Justice: The Literary Imagination and Public Life.* Beacon Press. 박용준 옮김 (2013). 『시적 정의』. 궁리.

Ong, W. J.(1982). *Orality and Literacy: The Technologizing of the Word.* Methuen. 이기우·임명진 옮김 (1995). 『구술문화와 문자문화』. 문예출판사.

Pariser, E.(2011). *The Filter Bubble: What the Internet Is Hiding from You.* Penguin Books. 황대혁 옮김 (2011). 『생각 조종자들』. 알키.

차례

왜 지금 대화적 읽기인가? v

01 대화적 읽기 핵심 개념 1

02 대화적 읽기는 왜 달라야 하는가 13

03 대화적 읽기의 소통 구조 23

04 대화적 읽기와 감정 몰입 35

05 대화적 읽기와 형상화 탐색 45

06 대화적 읽기와 윤리 비평 53

07 대화적 읽기와 보편청중 63

08 대화적 읽기와 저자 되기 73

09 공동추론 수업 모형과 적용 85

10 대화적 읽기와 리터러시의 미래 93

편집자 일러두기

- 인명, 작품명, 저서명, 개념어 등은 한글과 함께 괄호 안에 해당 국가의 원어를 병기했습니다.
- 외래어 표기는 현행 어문규정의 외래어표기법을 따랐습니다.

01

대화적 읽기 핵심 개념

대화적 읽기는 텍스트와 독자, 그리고 독자와 독자 사이의 진정한 대화를 통해 편향된 해석을 넘어서는 새로운 읽기 방식이다. 부스가 제시한 공동추론 개념을 바탕으로, 과학적 증명과는 다른 문학적 판단의 특성을 이해하고, 기존의 독자 반응 이론이나 비판적 읽기와 구별되는 대화적 읽기의 고유한 특징을 살펴본다.

읽기에서 만나는 두 가지 목소리

우리가 문학 텍스트를 읽는다는 것은 단순히 글자를 해독하는 일이 아니다. 우리는 읽는 순간 누군가의 목소리를 듣게 된다. 현진건의 「운수 좋은 날」을 읽을 때, 어떤 독자는 단순히 불운한 인력거꾼의 하루 이야기로 읽는다. 이 인력거꾼은 죽은 부인을 발로 차며 욕지기를 퍼붓는 몰상식한 인간으로 비친다. 그러나 텍스트의 모든 장치가 누군가의 목소리임을 아는 독자는 다르다. '운수 좋은 날'이라는 반어적 제목, 끝없이 내리는 비, 집에서 멀어질수록 가벼워지는 발걸음 같은 장치들을 통해 불쌍한 하층민의 삶을 본다. 식민지 현실에 대한 날카로운 비판의 목소리를 듣는다. 우리가 같은 텍스트를 읽고도 이처럼 다른 해석을 하게 되는 이유는 무엇일까? 텍스트 안에 숨겨진 진짜 목소리를 듣느냐 못 듣느냐의 차이다.

첫 번째 목소리는 텍스트가 건네는 말 걸기다. 작가는 독자에게 무언가를 전하고 싶어 한다. 그것은 직접적인 메시지일 수도 있고, 은유와 상징으로 감싸인 복합적인 의미일 수도 있다. 부스는 이를 '내포 저자(implied author)'의 목소리라고 불렀다(Booth, 1961/1999). 내포 저자란 작품 전체를 통해 드러나는 작가의 또 다른 자아를 말한다. 이는 작가의 의식이든 무의식이든 작품의 장치를 통틀어 드러나는 모습이며, 독자가 작품을 통해 추측하는 작가의 모습이다. 「운수 좋은 날」에서 인력거꾼 김 첨지를 통해 보여 주는 저자의 목소리는 개인의 불운이 아니라 시대적 비극이었다. 제목에서부터 마지막 장면까지 세심하게 배치된 모든 장치가 바로 이 내포 저자의 목소리를 드러내는 방식이다.

두 번째 목소리는 독자가 답하는 응답의 목소리다. 우리는 결코 빈 마음으로 텍스트를 읽지 않는다. 각자의 경험과 가치관, 그리고 감정을 가지고 텍스트와 만난다.

그런데 여기서 중요한 문제가 생긴다. 우리의 응답이 과연 텍스트의 목소리를 제대로 들은 것일까? 혹시 우리 자신의 편견과 선입견으로 텍스트를 재단하고 있는 것은 아닐까? 현대의 독자들은 점점 더 자신의 확신 속에 갇혀 읽는 경향을 보인다. 사회관계망서비스(SNS)와 유튜브 알고리즘이 우리와 비슷한 생각을 가진 사람들의 의견만 반복해서 보여 주기 때문이다.

대화적 읽기는 이러한 문제의식에서 출발한다. 텍스트와 독자 사이의 일방적 소통이 아니라, 진정한 의미에서의 대화를 추구한다. 이때 대화란 바흐친이 강조한 '응답성'을 전제한다(Morson & Emerson, 1990/2020). 응답성이란 타자의 목소리에 실질적으로 반응하고 변화하는 태도를 의미한다. 바흐친에 따르면 모든 진정한 대화는 응답을 요구하며, 이러한 응답을 통해 우리는 텍스트와 진정한 만남을 가질 수 있다.

공동추론이란 무엇인가

대화적 읽기의 핵심에는 '공동추론'이라는 개념이 있다. 공동추론은 'co(함께)'와 'ducere(이끌어 낸다)'가 결합된 말로, 독자들이 함께 더 나은 해석을 이끌어 내는 과정을 의미한다. 이는 부스가 문학적 판단의 특성을 설명하기 위해 만든 개념이다.

공동추론을 이해하려면 먼저 과학적 증명과 문학적 판단의 차이를 알아야 한다. 부스는 이를 건물에 비유해 설명한다. "건물이 원형인지 사각형인지"를 판단하는 것은 명확한 측정으로 증명할 수 있다. 그러나 "건물이 넓은지 높은지"를 판단하려면 다른 건물과의 비교와 경험이 필요하다. 전자는 과학적 증명의 영역이고, 후자는 문학적 판단의 영역이다(Booth, 1961/1999).

문학 텍스트를 읽고 "이 텍스트가 좋은가?"를 판단할 때 우리는 과학적 공식을 사용할 수 없다. 왜 그럴까? 문학적 가치는 객관적으로 측정 가능한 것이 아니라, 복잡한 인간의 경험과 감정, 그리고 삶의 맥락이 얽혀 있는 것이기 때문이다.

부스는 이러한 과정을 법정의 심판, 물건의 무게 측정, 집값 평가에 비유했다(Booth, 1961/1999). 법관이 판결을 내릴 때 혼자 결정하지 않는다. 과거의 판례를 참고하고, 배심원의 의견을 듣고, 법정의 여러 목소리를 종합한다. 우리가 물건의 무게를 손으로 가늠할 때도 마찬가지다. 이전에 들어 본 다른 물건들의 무게와 비교해서 "이건 무겁다" 또는 "가볍다"고 판단한다. 부동산 가격 역시 주변 시세와의 비교, 여러 부동산 전문가의 의견, 시장의 전반적 흐름을 종합해서 결정된다.

중요한 것은 이 모든 과정에서 공동체가 필요하다는 점이다. 법관 혼자만의 판단으로는 공정한 재판이 어렵고, 한 사람만의 감각으로는 정확한 무게 측정이 힘들며, 개인의 주관적 선호만으로는 합리적인 가격 책정이 불가능하다. 더 많은 사람의 경험을 나누고 비교할수록 더 합당한 판단에 도달할 수 있다. 이것이 바로 공동추론의 핵심이다.

실천적 지혜와 문학적 판단

그런데 여기서 한 가지 더 중요한 질문이 생긴다. 이런 복잡한 판단을 우리는 어떻게 제대로 할 수 있을까? 단순한 규칙이나 공식으로는 해결되지 않는 이런 상황에서 우리에게 필요한 것은 무엇일까?

바로 여기서 앞서 언급했던 아리스토텔레스의 '실천적 지혜'가 중요해진다. 텍스트를 읽는 구체적인 상황에서 어떤 해석이 더 합당한지를 판단하는 능력 말이다. 이는 정해진 규칙을 기계적으로 적용하는 것이 아니라, 상황의 맥락을 이해하고 여러 가능성을 고려해서 가장 적절한 판단을 내리는 것이다.

예를 들어 이솝 우화「황금 알을 낳는 거위」를 읽는다고 해 보자. 어떤 독자는 "욕심이 화를 부른다"는 교훈을 읽어낸다. 그런데 다른 독자는 "가난한 농부의 당연한 선택"이라고 해석할 수도 있다. 또 다른 독자는 "호기심 많은 과학자라면 당연히 탐구했을 것"이라고 말할 수도 있다. 이때 어느 해석이 더 합당한지는 독자들이 함께 토론하고 비교하는 과정에서 드러난다.

여기서 중요한 것은 절대적인 정답이 있다는 생각을 버리는 것이다. 실천적 지혜는 '이것이 유일한 답'이라고 주장하지 않는다. 대신 '이 상황에서는 이런 해석이 더 합당해 보인다'고 판단한다. 그리고 새로운 관점이 제시되면 기꺼이 자신의 판단을 재검토할 준비가 되어 있다.

공동추론은 정답을 찾는 과정이 아니다. 오히려 계속되

는 대화를 요구한다. 부스가 강조했듯이(Booth, 1988), 각각의 독자들은 한 문학 텍스트를 다양한 방식으로 해석하면서 각각 다른 것을 발견한다. 이러한 해석들이 다른 독자와의 대화를 통해 진화하고 비교 가능한 것이 될 때, 우리는 더 풍부하고 깊이 있는 이해에 도달할 수 있다.

혼자 읽기에서 함께 읽기로

그렇다면 대화적 읽기는 기존의 읽기 방식과 어떻게 다를까? 현재 교실에서 이루어지는 읽기 방식을 크게 두 가지로 나누어 볼 수 있다.

첫 번째는 개인적 감상 중심의 읽기다. "이 작품을 읽고 어떤 느낌이 들었나요?" "어떤 장면이 가장 인상 깊었나요?" "주인공에게 하고 싶은 말이 있다면?" 이런 질문들로 시작되는 수업에서 학생들은 자신만의 감상을 자유롭게 표현한다. "정답은 없습니다. 각자 다르게 생각할 수 있어요." "개성 있는 해석이 좋은 해석입니다." 이런 접근은 독자의 주체성을 인정하고 문학의 즐거움을 강조한다는 점에서 분명한 의의가 있다.

두 번째는 이론 적용식 분석 읽기다. "페미니즘 관점에서 이 작품을 비판해 보세요." "계급 갈등의 관점으로 분석해 보세요." 이런 방식에서 학생들은 미리 주어진 이론적

틀이나 분석 방법을 작품에 적용한다. 이는 텍스트를 비판적으로 사고하게 하고 사회 문제의식을 기르는 데 도움이 된다.

하지만 두 방식 모두 한계가 있다. 첫 번째 방식은 개인의 감상에 머물러 다른 해석과 만나지 못한다. 각자 다른 생각을 발표하지만, 그것을 서로 비교하거나 검토하지는 않는다. 결과적으로 "모든 해석이 다 옳다"는 상대주의로 흐를 위험이 있다. 두 번째 방식은 특정한 관점의 틀로 텍스트를 재단한다. 이미 정해진 결론을 향해 증거를 찾아가는 방식이어서, 텍스트가 가진 복합적이고 미묘한 의미들을 놓칠 위험이 있다.

두 방식의 공통점은 무엇일까? 모두 혼자 읽기라는 점이다. 개인적 감상이든 이론적 분석이든, 독자는 혼자서 텍스트와 마주하고 혼자서 의미를 완결한다. 다른 독자의 목소리에 귀 기울이거나, 자신의 해석을 다양한 관점과 대화시키려는 노력은 부족하다.

그렇다면 왜 대화적 읽기가 더 윤리적인 읽기 방식일까? 여기서 '윤리적'이라는 것은 도덕 교과서적인 착함을 의미하는 것이 아니다. 타자에 대한 책임감 있는 태도를 의미한다. 우리가 혼자 읽을 때는 자신의 관점에 갇히기 쉽다. 이는 단순히 개인적인 문제가 아니라 윤리적인 문제다. 왜냐하면 편향된 읽기는 결국 타자의 목소리를 무시하는 일이기 때문이다.

아리스토텔레스는 이런 태도를 '친애(philia)'라고 불렀다. 친애란 단순한 호감이나 친분이 아니라, 타인과 함께 '좋은 삶'을 고민하고, 공동선을 추구하려는 관계를 말한다. 대화적 읽기에서 우리는 텍스트 속 타자와의 만남을 통해, 내 해석이 타인의 해석과 연결되고 책임지는 방식으로 발전하도록 연습하게 된다. 이러한 친애는 자기 확신에 갇힌 독자가 아닌, 타자의 목소리에 응답하는 윤리적 독자로 나아가는 데 필요한 실천적 토대다.

'외재성(vnenakhodimost/outsideness)'이라는 개념은 친애와 흥미로운 연결점을 보인다. 바흐친에게 외재성이란 타자를 완전히 이해할 수도, 완전히 분리될 수도 없는 미묘한 위치를 의미한다(이재기, 2017:9). 나는 타자 '밖에' 있기 때문에 타자가 볼 수 없는 것을 볼 수 있고, 동시에 그 '밖에 있음' 때문에 타자에게 응답할 윤리적 책임을 진다.

친애도 이와 비슷한 구조를 가진다. 개인을 완전히 소거하는 것도 아니고, 모든 개인의 의견을 무조건 인정하는 상대주의로 흐르는 것도 아닌 제3의 길이다. 서로 다른 위치에 있는 존재들이 그 차이를 유지하면서도 서로에게 응답하겠다는 윤리적 태도를 포기하지 않는 관계를 형성하는 것이다. 친애의 공동체에서는 '왜 그렇게 생각해?'라고 물을 수 있고, 서로의 견해와 관점이 텍스트가 전하는 가치를 평가하는 기준이 되어 준다. 나의 해석은 다른 독자의 해석과 만나면서 그 합당성을 검증받고, 동시에 나 역시 다른 해석의 타당성을 가늠하는 측정자가 된다.

이는 아리스토텔레스의 실천적 지혜(phronesis)와도 연결된다. 실천적 지혜는 매번 달라지는 구체적 상황에서 가장 합당한 판단을 찾아가는 능력이다. 대화적 읽기에서도 독자들은 텍스트와 만나는 구체적 상황에서 공동체의 대화와 숙고를 통해 더 나은 이해를 향해 함께 나아간다.

이것이 혼자 읽기에서 함께 읽기로의 전환이다. 대화적 읽기는 이러한 '함께 읽기'의 구체적인 방법을 제시한다. 이는 단순한 읽기 기술이 아니라 타자와 더불어 살아가는 윤리적 태도의 실천이기도 하다.

참고문헌

Morson, G. S., & Emerson, C.(1990). *Mikhail Bakhtin: Creation of a Prosaics*. Stanford University Press. 오문석·차승기·이진형 옮김(2020). 『바흐친의 산문학』. 앨피.

이재기(2017). 응답성과 대화적 글쓰기. ≪국어교육≫, 156, 1-26.

현진건(1924). 「운수 좋은 날」. 김동식(엮음), 『현진건 단편선』,

문학과지성사, 2008.

Aristoteles. *Nicomachean Ethics*. 강상진·김재홍·이창우 옮김(2011). 『니코마코스 윤리학』. 도서출판 길.

Booth, W. C.(1961). *The Rhetoric of Fiction*. University of Chicago Press 최상규 옮김(1999). 『소설의 수사학』. 예림기획.

Booth, W. C.(1988). *The Company We Keep: An Ethics of Fiction*. Berkeley: University of California Press.

02

대화적 읽기는 왜 달라야 하는가

현대 독자들은 확신 프레임에 갇혀 자신과 비슷한 해석만을 추구하며, 기존 문학 교육은 다양성 인정에 머물러 합당성을 측정하고 조정하는 과정을 제시하지 못했다. 대화적 읽기는 독자 반응 이론을 넘어서 타자와의 치열한 대화를 통해 더 나은 판단을 추구하는 새로운 읽기 방식을 제안한다.

확신 프레임에 갇힌 현대 독자들

우리는 지금 "확신의 시대"에 살고 있다. 정치적 갈등에서 보듯이 사람들은 점점 더 자신의 신념을 확고히 하며, 다른 의견에 귀 기울이기를 거부한다. 문학을 읽을 때도 마찬가지다. 독자들은 자신의 기존 가치관과 맞는 해석만을 선호하고, 불편한 진실이나 낯선 관점은 외면한다.

이러한 현상의 배경에는 현대 정보 환경의 구조적 문제가 있다. 네트워크 이론가가 지적했듯이, 현대 사회는 네트워크로 연결되어 있지만 그 연결은 평등하지 않다. 버러바시(Albert-László Barabási)에 따르면, 정보의 '허브'가 생기고, 이 허브가 전체 네트워크의 구조를 지배한다(Barabási, 2002). 우리가 SNS에서 보는 것도, 유튜브에서 추천받는 것도 모두 알고리즘이 선별한 정보들이다. 결과적으로 네트워크가 촘촘해질수록 우리는 오히려 다양하게 세상을 읽지 못하게 된다.

이런 구조적 문제뿐 아니라 인간의 인지적 특성이 더해진다. 복잡한 텍스트를 제대로 이해하려면 신중하고 느린 사고가 필요하다. 그러나 우리는 심리학자 카너먼(Daniel Kahneman)이 말한 '시스템 1' 사고처럼 빠르고 직관적인 판단을 선호한다(Kahneman, 2011/2018). 문학을 읽을 때도 복잡한 맥락을 천천히 성찰하기보다는, 익숙한 도덕 기

준이나 사회 규범에 따라 즉각적으로 판단하기 쉽다

이는 도덕심리학자 하이트(Jonathan Haidt)가 말한 현상과도 일치한다. 우리의 도덕적 판단은 이성적 숙고보다 정서적 직감에 의해 먼저 형성되고, 이후의 이성은 그것을 정당화하는 데(Haidt, 2012/2014)만 사용된다.

예를 들어 『춘향전』을 읽는 학생들을 보자. 어떤 학생은 "춘향이 신분 상승을 위해 남자에게 의존했다"고 해석한다. 이러한 해석은 논리적으로 정당화 가능하지만, 과연 합당한 해석일까? 그 학생은 자신의 현대적 관점으로 조선시대 여성의 상황을 재단하고 있는 것은 아닐까? 하지만 현재의 독서 환경에서는 이런 질문 자체가 제기되지 않는다. "개인의 자유로운 해석"이라는 이름으로 모든 해석이 동등하게 취급되기 때문이다.

중요한 것은 텍스트 자체에 먼저 귀를 기울이는 것이다. 그 시대에 『춘향전』이 그토록 선풍적인 인기를 끌었던 이유는 무엇일까? 당시 독자들은 춘향의 어떤 모습에 열광했을까? 작품 속에서 춘향은 어떤 방식으로 그려지고 있을까? 이런 질문들부터 시작해서 텍스트의 목소리를 먼저 들어 보는 것이다.

하지만 우리는 자신의 틀로 텍스트를 성급하게 재단하려는 경향이 있다. 이것이 바로 확신 프레임의 함정이다.

독자는 자신의 해석에 확신을 가지지만, 그 확신이 과연 합당한 근거에 기반한 것인지는 점검하지 않는다. 앞서 언급한 하이트의 지적처럼, 우리는 직감적으로 판단을 내린 다음 그것을 정당화하는 이유를 찾아내는 경우가 많다.

문제는 이러한 확신 프레임이 개인의 성장을 막을 뿐 아니라, 공동체의 소통도 불가능하게 만든다는 점이다. 이러한 확증 편향은 교육의 장에서도 고착되어, 해석을 경합하기보다 정당화하는 기술만을 강화한다. 교실에서 벌어지는 갈등, 사회에서 일어나는 혐오와 대립의 근본에는 바로 이런 '측정 없는 확신'이 자리하고 있다.

문학 교육이 놓친 대화의 힘

그렇다면 기존의 문학 교육은 이런 문제에 어떻게 대응해 왔을까? 독자 반응 이론은 분명히 의미 있는 진전을 가져왔다. 독자를 수동적 수용자가 아닌 능동적 의미 구성자로 인정한 것은 중요한 성과였다. 학생들은 더 이상 정해진 답을 암기할 필요가 없었고, 자신만의 해석을 자유롭게 표현할 수 있게 되었다.

하지만 독자 반응 이론에는 치명적인 한계가 있다. 다양한 해석을 인정하는 것까지는 좋았지만, 그다음 단계를 제시하지 못했다. 서로 다른 해석들이 만났을 때 어떻게 대화할 것인가? 어떤 해석이 더 합당한가를 어떻게 판단할 것인가? 이런 질문에 대한 답이 없었다.

결과적으로 교실에서는 "모든 해석이 다 옳다"는 상대주의가 팽배해졌다. 심리학자 메르시에(Hugo Mercier)와 스퍼버(Dan Sperber)는 인간의 추론 능력이 진실을 찾기 위한 도구가 아니라, 자신의 주장을 정당화하고 타인을 설득하기 위한 '논변의 도구'로 진화했다고 주장한다(Mercier & Sperber, 2011). 이 이론은 독자들이 해석을 성찰하거나 재구성하기보다는, 이미 정해진 자신의 입장을 강화하는 데 읽기를 사용하는 경향을 잘 설명해 준다. 학생들은 자신의 해석을 발표하지만, 그것을 다른 학생의 해석과 진지하게 비교하거나 검토하지는 않는다. 각자 다른 생각을 가지는 것이 당연하고, 그것으로 충분하다고 여긴다. 이는 대화가 아니라 독백들의 나열일 뿐이다.

비판적 읽기 역시 마찬가지다. 텍스트 속의 권력관계나 이데올로기를 비판하는 것은 중요하다. 하지만 비판에만 머물 경우, 건설적인 대안을 제시하지 못한다. 포스트모던 사상의 영향으로 해체는 잘하지만, 해체 이후에 무엇을 세울 것인가에 대해서는 답이 없다. 이는 현대 사회에서 벌어지는 아노미 현상과도 연결된다. 기존 가치는 무너뜨렸지만, 새로운 공동체적 가치는 만들어 내지 못하는 상황이다.

그렇다면 진정한 대화란 무엇인가? 단순히 서로 다른 의견을 나누는 것이 대화는 아니다. 진정한 대화는 타자의 목소리를 듣고, 그것이 나의 생각을 변화시킬 가능성에 자신을 열어 두는 것이다. 바흐친이 말한 '응답성'이 바로 이것이다. 응답한다는 것은 단순히 반응하는 것이 아니라, 타자의 말에 의해 실질적으로 변화하는 것을 의미한다.

하지만 현재의 문학 교육에서는 이런 진정한 대화가 일어나지 않는다. 왜 그럴까? 기존 토론 교육의 영향이 크다. 찬반 토론 방식이 상대를 '적'으로 인식하거나, 입장 변화를 '패배'로 인식하는 문화를 만들어 냈기 때문이다. 이러한 부작용 때문에 토론 교육 자체가 교육 현장에서 부담스럽게 여겨지고, 그 결과 '모든 감상이 다 소중하다'는 상대주의적 해석만 남게 되었다.

그렇다면 어떻게 해야 할까? 대화적 읽기의 방법인 공동추론은 새로운 길을 제시한다. 경합을 피하지 않되, 그 경합의 목적이 승부가 아니라 '더 나은 이해'를 향한 협력이라는 점이 다르다. 여기서는 자기 입장을 유예하거나 번복하는 것을 오히려 장려한다. 상대방의 의견 중 받아들일 만한 부분을 찾고, 어떤 근거로 어디까지 타협할 수 있는지 숙고하는 것이 핵심이다.

이것이 바로 아리스토텔레스가 말한 숙고의 활동이다.

현재 우리 사회는 자신이 차별적이거나 무감각한 사람으로 비칠까 봐 오히려 의견이 다른 사람과 만나려 하지 않는다. 하지만 진정한 민주주의는 "열린 마음으로 설득하는 피곤함을 감수하는" 것에서 시작된다. 이런 민주적 소통 능력을 기르는 것, 이것이 바로 문학 교육이 놓쳤던 대화의 힘이다.

타자와 만나는 읽기가 가져오는 변화

대화적 읽기는 이런 한계를 넘어서고자 한다. 다양한 해석을 인정하되, 그 해석들 사이에서 더 합당한 판단을 찾아가는 과정을 중시한다. 이는 정답을 찾는 과정이 아니다. 아리스토텔레스가 말한 실천적 지혜처럼, 각각의 상황에서 무엇이 더 적절한 판단인지를 타자와 나누는 대화를 통해 측정하고 조정하는 과정이다.

이때 중요한 것은 '측정'의 개념이다. 부스가 법정의 심판, 무게 측정, 집값 평가에 비유했듯이, 가치 판단에는 비교와 측정이 필요하다. 혼자서는 정확한 측정이 불가능하다. 다른 사람들의 경험과 판단을 참고해야만 더 합당한 결론에 도달할 수 있다. 이것이 바로 공동추론의 핵심이다.

앞서 살펴본 『춘향전』 사례를 다시 보자. 『춘향전』의 춘향을 해석할 때, 어떤 학생은 "절개 있는 여인"으로, 다른 학생은 "권력에 저항하는 여성"으로 읽는다고 하자. 기존의 독자 반응 이론이라면 "둘 다 맞다"고 할 것이다. 하지만 대화적 읽기에서는 이 두 해석을 진지하게 비교한다. 텍스트의 어떤 부분이 각각의 해석을 뒷받침하는가? 조선 시대의 역사적 맥락에서 볼 때 어떤 해석이 더 설득력 있는가? 현대의 독자에게는 어떤 의미를 가지는가?

이런 과정을 거치면서 학생들은 자신의 해석을 단순히 주장하는 것을 넘어서, 그 해석의 근거를 제시하고 다른 관점과 비교하며 더 나은 이해에 도달하려고 노력한다. 이는 혼자서는 불가능한 일이다. 타자의 질문과 비판이 있어야만 가능하다.

이러한 과정에서 독자는 여러 가지 변화를 경험한다. 첫째, 자신의 해석이 절대적이지 않다는 겸손함을 배운다. 둘째, 타자의 관점을 통해 텍스트의 새로운 면을 발견한다. 셋째, 근거를 제시하고 논리적으로 사고하는 능력이 향상된다. 넷째, 갈등 상황에서도 대화를 통해 합의점을 찾아가는 소통 능력을 기른다.

가장 중요한 변화는 타자에 대한 태도의 변화다. 타자는 더 이상 나의 생각을 방해하는 존재가 아니라, 나의 이해를 깊게 해 주는 동반자가 된다. 이는 앞서 언급한 친애의 관계처럼, 서로의 좋은 삶과 더 나은 이해를 함께 추구하는 관계로 발전한다.

이런 변화는 문학 읽기를 넘어서 삶의 다른 영역으로도 확장된다. 정치적 갈등이나 사회적 이슈에 대해서도 일방적으로 판단하기보다는, 다른 관점을 경청하고 더 나은 해결책을 함께 모색하려는 태도를 기르게 된다. 이것이 바로 대화적 읽기가 현대 사회의 소통 위기에 대한 교육적 해법이 될 수 있는 이유다.

결국 대화적 읽기는 단순한 독서 방법이 아니다. 그것은 타자와 더불어 살아가는 민주적 시민성을 기르는 윤리적 실천이다. 확신 프레임을 벗어나 타자와의 진정한 대화를 통해 더 나은 판단에 도달하려는 태도, 이것이 바로 우리 시대에 필요한 읽기의 모습이다.

참고문헌

작자 미상. 『춘향전』.

김욱동(1988). 『대화적 상상력』. 문학과지성사.

Aristoteles. *Nicomachean Ethics.* 강상진·김재홍·이창우 옮김(2011). 『니코마코스 윤리학』. 도서출판 길.

Barabási, A.-L.(2002). *Linked: The New Science of Networks.* Perseus Books Group. 김기훈·강병남 옮김(2002). 『링크:

21세기를 지배하는 네트워크 과학』. 동아시아.

Booth, W. C.(1988). *The Company We Keep: An Ethics of Fiction*. University of California Press.

Haidt, J.(2012). *The Righteous Mind*. Vintage. 왕수민 옮김(2014). 『바른 마음: 나의 옳음과 그들의 옳음은 왜 다른가』. 웅진지식하우스.

Kahneman, D.(2011). *Thinking, Fast and Slow*. Farrar, Straus and Giroux. 이창신 옮김(2018). 『생각에 관한 생각』. 김영사.

Mercier, H. & Sperber, D.(2011). Why do humans reason? Arguments for an argumentative theory. *Behavioral and Brain Sciences*, 34(2), 57 – 111.

03

대화적 읽기의 소통 구조

대화적 읽기는 경청에서 시작하여 비판적 검토로 이어지는 단계적 과정을 통해 이루어진다. 『흥부전』을 예시로 기존 해석 방식과의 차이점을 살펴보고, 텍스트와의 서사적 소통과 독자 간 공동체 소통이라는 이중 구조 속에서 합당한 해석을 측정하고 조정하는 방법을 알아본다.

같은 텍스트, 다른 읽기 방식

『흥부전』을 읽고 나서 학생들에게 "이 작품에서 저자가 가장 전하고 싶었던 메시지는 무엇일까?"라고 물었다고 하자. 다양한 답이 나올 것이다. "동물을 보호하자", "형제간 우애를 키우자", "선악에 따른 응보가 있다" 등등.

기존의 독자 반응 이론은 이 모든 해석을 "다 좋은 의견"이라고 인정하는 것에 주안점을 둔다. 각자의 경험과 관점에 따라 다르게 읽는 것이 당연하고, 그 다양성 자체가 가치 있다고 본다(Rosenblatt, 1978/2008). 학생들은 자신의 해석을 발표하고, 서로 다른 의견을 나누며, "역시 문학은 열린 해석이 가능하구나"라고 만족할 가능성이 크다.

하지만 여기에는 놓치기 쉬운 지점이 있다. 각자 다른 해석을 내놓았지만, 정작 그 해석들이 과연 합당한지는 검토하지 않는다는 점이다. 학생 A가 '동물 보호 메시지'라고 해석하고, 학생 B가 '권선징악 메시지'라고 해석했을 때, 과연 어떤 해석이 더 텍스트에 근거한 것인지, 어떤 해석이 더 설득력 있는지는 따져 보지 않는다. 각자의 관점을 존중한다는 명목하에, 오히려 치열한 검토 과정을 포기해 버리는 것이다. 개별 독자들이 자신의 해석에 대해 자신의 해석이 가장 객관적이고 올바른 해석이라고 믿는다. 하지만 과연 그럴까?

편향의 뿌리: 고정된 정체성의 함정

편향은 어디서 나올까? 바로 고정된 정체성에서 나온다. 독자가 한자리에 머물러 있으면서 "이게 올바른 해석이야" 라고 확신하는 순간, 편향이 시작된다.

예를 들어 보자. 동물 보호에 관심이 많은 독자는 『흥부전』을 읽으면서 자연스럽게 "제비를 구한 흥부"에 주목한다. 흥부가 다친 제비를 정성스럽게 치료해 주는 장면에서 감동을 받고, "이 작품은 작은 생명도 소중히 여기라는 메시지를 담고 있구나"라고 해석한다. 이때 그는 자신이 객관적으로 읽었다고 생각한다. 실제로 텍스트에 그런 장면이 나오지 않는가?

하지만 여기에 함정이 있다. 그는 자신의 관심사에 맞는 부분만 부각하고, 다른 부분들은 상대적으로 소홀히 다룬 것이다. 『흥부전』에서 정작 더 많은 분량을 차지하는 것은 흥부와 놀부의 대조, 선한 행위와 악한 행위의 결과, 즉 권선징악의 구조다. 하지만 동물 보호에 관심이 많은 독자는 이런 구조적 특징보다는 제비 치료 장면에 더 집중하게 된다.

이것이 바로 편향의 메커니즘이다. 독자는 자신의 기존 관심사와 가치관을 통해 텍스트를 읽게 된다. 그리고 자신의 관점에 맞는 부분은 더 주목하게 되고, 그렇지 않은 부분은 상대적으로 놓치게 된다. 그러면서도 자신은 '텍스트를 있는 그대로 읽었을 뿐'이라고 생각한다.

문제는 아무리 "객관적으로 읽으려고" 노력해도, 혼자서는 이런 편향을 인식하기 어렵다는 점이다. 내가 어떤 부분을 상대적으로 소홀히 다루고 있는지, 어떤 관점으로 접근하고 있는지를 스스로 파악하기는 쉽지 않다. 오히려 '나는 주의 깊게 읽었으니까 편향되지 않았을 것'이라고 여기기 쉽다.

정체성 이동을 통한 편향 극복

그렇다면 어떻게 해야 할까? 대화적 읽기는 의도적으로 독자의 정체성을 이동시키는 구조적 해법을 제시한다. 편향은 고정된 자리에서 생기므로, 독자를 계속 다른 위치로 이동시켜 다양한 관점에서 텍스트를 보게 하는 것이다.

이를 위해 대화적 읽기는 독자에게 여러 역할을 체험하게 한다. 독자는 한순간에는 이야기에 몰입하는 청자가 되고, 다른 순간에는 저자의 의도를 파악하려는 탐정이 되며, 또 다른 순간에는 그 해석을 비판적으로 검토하는 심판관이 된다. 이렇게 정체성을 계속 바꿔 가면서 읽으면, 한 자리에 고착되어 생기는 편향을 피할 수 있다.

이를 위해 문학 읽기에는 두 가지 소통이 필요하다. 하나는 독자와 텍스트(저자) 사이의 소통이고, 다른 하나는 독자와 독자 사이의 소통이다. 이 두 소통은 별개가 아니라 서로를 깊게 만드는 관계에 있다.

첫 번째 소통: 텍스트와의 대화

독자는 텍스트를 읽으며 저자의 목소리에 귀 기울인다. 이때 독자는 단순히 정보를 받아들이는 것이 아니라, 이야기 속 인물의 감정에 몰입하고, 저자의 의도를 파악하며, 그 가치에 대해 생각한다. 부스가 말한 '내포 저자'의 목소리를 듣는 것이다(Booth, 1961/1999).

하지만 이런 개인적 독서에는 한계가 있다. 독자는 자신의 경험과 편견의 틀 안에서 텍스트를 해석하기 쉽다. 아무리 객관적으로 읽으려 해도, 나도 모르게 내가 보고 싶은 것만 보게 된다. 더구나 내가 경험한 감동이나 깨달음이 진짜 변화인지, 일시적인 감정인지 스스로 판단하기 어렵다.

두 번째 소통: 독자들 간의 대화

바로 이 지점에서 다른 독자들과의 대화가 필요해진다. 나와 다르게 읽은 사람들의 해석을 들으면서, 내가 놓친 부분을 발견하고, 내 해석의 편향을 점검할 수 있다. 타자의 질문이 나의 읽기를 더 정교하게 만든다.

예를 들어, 내가 『흥부전』에서 "동물 보호 메시지"를 읽어 냈다고 하자. 그런데 다른 학생이 "그런데 이 작품에서 제비는 단순한 동물이 아니라 복을 가져다주는 존재로 그려지잖아요. 동물 보호가 핵심 메시지라면 왜 동물 자체보다는 그것이 가져다주는 '복'에 더 초점이 맞춰져 있을까요?"라고 질문한다면? 나는 내 해석을 다시 생각해 보게 된다.

이런 대화를 통해 독자들은 단순히 개인적 감상을 나누는 것을 넘어서, 함께 더 나은 해석에 도달하려고 노력한다. 이것이 부스가 말한 '공동추론'이다(Booth, 1988).

중요한 것은 이 두 소통이 따로 일어나는 것이 아니라는 점이다. 다른 사람들과의 대화가 나의 텍스트 읽기를 더 깊게 만들고, 텍스트에 대한 새로운 이해가 다른 사람들과의 대화를 더 풍부하게 만든다.

초대–만남–응답: 정체성 이동의 체계

대화적 읽기는 이러한 정체성 이동을 체계적으로 훈련하기 위해 3단계 소통 단계를 제시한다.

1단계: 초대(몰입을 통한 경청)

첫째 단계에서 독자는 텍스트의 초대를 받아들인다. 여기서 핵심은 일단 자신의 기존 관점을 유보하고, 텍스트가 제시하는 세계에 열린 마음으로 들어가는 것이다.

감정 몰입(이야기 청자): 학생들이 텍스트와 개인적 만남을 가질 시간을 충분히 제공한다. "흥부가 제비 다리를 고쳐 줄 때 어떤 마음이었을까?", "놀부는 왜 그런 행동을 했을까?" 같은 질문을 통해 텍스트 속 상황에 감정적으로 몰입하도록 돕는다.

형상화 탐색(저자 청중): 텍스트의 구체적 장치들을 함께 살펴본다. "왜 하필 제비일까?", "흥부와 놀부의 행동이 어떻게 대조되는지 찾아보자", "이야기의 결말은 어떤 의미인가?" 같은 질문을 통해 저자의 의도를 파악해 간다.

이 단계에서는 성급한 비판이나 분석을 피한다. 일단 텍스트가 말하려는 바를 충분히 들어 보는 것이 중요하다.

2단계: 만남(거리 두기를 통한 검토)

둘째 단계에서는 몰입했던 감정과 해석에서 한 걸음 물러나서 비판적으로 검토한다. 여기서 핵심은 '거리 두기'다. 몰입과 거리 두기의 왕복 운동이야말로 공동추론의 핵심이다.

현재 공동체와의 만남(공동체 청중): 학생들은 각자 파악한 저자의 메시지를 발표하고, 서로 다른 해석에 대해 근거를 제시하며 토론한다. 이 과정에서 경합을 피하지 않고 적극적으로 판단한다. 서로 다른 해석들을 치열하게 비교하고, 어떤 해석이 더 설득력 있는지 측정한다.

"권선징악이라는 메시지를 어떻게 볼 것인가?", "현대사회에도 유효한가?", "한계는 없는가?" 같은 질문을 통해 학생들은 비판적 사고력을 기른다. 중요한 것은 승부를 가리는 것이 아니라, 어떤 해석이 더 합당한지 적극적으로 판단하고, 그 과정에서 상대방의 의견을 수용하거나 자신의 견해를 발전시킬 용의를 갖는 것이다.

가치 확장의 만남(보편청중 지향): 한 걸음 더 나아가서, 우리 공동체의 해석과 판단이 시공간을 넘어서도 설득력을 가질 수 있는지 검토한다. "이런 선악관이 다른 문화권에서도 받아들여질 수 있을까?", "미래 세대에게도 타당할까?", "진정 보편적인 가치는 무엇일까?" 같은 질문을 통해 학생들은 자신의 해석을 더 넓은 관점에서 성찰하게 된다.

이 단계의 핵심은 우리가 노력한 객관적, 비판적 읽기도 여전히 편향될 수 있다는 겸손한 인식이다. 그래서 보편청중을 요청하여 편향을 넘어서려고 노력하는 것이다.

3단계: 응답(새로운 저자로서의 목소리)

가치 실천의 응답(저자로): 셋째 단계에서는 학생들이 수동적 수용자에서 능동적 응답자로, 나아가 새로운 저자로 변화한다. 이는 반드시 글쓰기일 필요는 없다. 토론, 발표, 역할극, 창작 등 다양한 형태로 이루어질 수 있다. 중요한 것은 학생들이 자신의 목소리를 내는 것이다.

이러한 3단계 과정을 통해 독자의 정체성은 지속적으로 이동한다.

이렇게 정체성을 계속 이동시키면서 편향의 고착화를 막는다. 한자리에 고정되어 있으면 편향되기 쉽지만, 계속 다른 위치에서 바라보게 하면 확장된 관점에 접근할 수 있다.

그렇다면 이러한 대화적 읽기를 교실에서는 어떻게 구현할 수 있을까?

교사의 역할부터 달라져야 한다. 정답을 제시하는 권위자가 아니라, 대화가 건설적인 방향으로 진행되도록 돕는 조정자가 된다. 학생들이 각 단계에서 적절한 정체성 이동을 할 수 있도록 안내하는 것이 교사의 주요 역할이다.

평가 방식도 달라진다. 정답을 맞히는 것이 아니라, 대화에 참여하는 태도와 해석을 발전시켜 가는 과정을 평가한다. 특히 다른 학생의 의견을 경청하고 자신의 생각을 조정하는 능력, 텍스트에 근거한 해석 능력, 건설적인 응답을 구성하는 능력이 평가의 핵심이 된다.

이러한 과정을 통해 교실은 단순한 지식 전수의 공간이 아니라, 진정한 배움이 일어나는 공동체가 된다. 학생들은 텍스트를 통해 타자와 만나는 법을 배우고, 자신의 해석을 성찰하고 발전시키는 능력을 기른다. 더 나아가 이러한 경험은 교실을 넘어 삶의 다른 영역에서도 타자와 건설적으로 소통하는 능력으로 확장된다.

결국 대화적 읽기의 소통 구조는 편향을 극복하기 위한 체계적 훈련이다. 독자의 정체성을 의도적으로 이동시키면서, 고정된 관점의 함정에서 벗어나 더 합당한 해석에 도달하는 것. 이것이 바로 우리 시대에 필요한 읽기의 모습이다.

다음 장부터는 이러한 대화적 읽기의 각 단계를 더욱 구체적으로 살펴볼 것이다. 감정 몰입, 형상화 탐색, 윤리 비평, 보편청중, 저자 되기의 각 과정이 어떻게 이루어지며, 실제 교육 현장에서는 어떻게 적용할 수 있는지를 상세히 다루겠다.

참고문헌

작자 미상. 『홍부전』.

Booth, W. C.(1961). *The Rhetoric of Fiction*. University of Chicago Press. 최상규 옮김(1999). 『소설의 수사학』. 예림기획.

Booth, W. C.(1988). *The Company We Keep: An Ethics of Fiction*. University of California Press.

Rosenblatt, L. M.(1978). *The Reader, the Text, the Poem: The Transactional Theory of the Literary Work*. Southern Illinois University Press. 김혜리 옮김(2008). 『독자, 텍스트, 시』. 한국문화사.

04

대화적 읽기와 감정 몰입

감정이입은 독자가 타자의 이야기에 응답하기 위해 자신의 틀을 잠시 유보하고 경청하는 윤리적 출발점이다. 그러나 이는 단순한 동일시가 아닌, 타자의 가치에 몰입하고 성찰하는 과정으로 이어져야 한다. 본 장은 감정이입을 '가치 몰입'으로 재구성하며, 공동체 속에서 감정과 판단을 조율하는 대화적 읽기의 교육적 전략을 제시한다.

텍스트의 초대, 경청으로서의 감정 몰입

"거울아 거울아, 세상에서 누가 제일 예쁘니?"

이 익숙한 대사를 떠올릴 때, 우리는 자동으로 백설공주의 계모를 떠올린다. 질투심에 불타 어린 의붓딸을 죽이려 했던 악한 여인. 대부분의 독자들은 그녀에게 감정이입하기를 거부한다. 너무나 명백한 악역이기 때문이다.

그런데 여기서 한 가지 질문이 생긴다. 우리가 이야기를 읽을 때, 정말로 그녀에게는 전혀 공감할 여지가 없는 걸까?

대화적 읽기에서 감정이입은 타자의 이야기에 윤리적으로 응답하려는 독서 행위의 출발점이다. 이는 우리가 타자의 삶을 담은 이야기 앞에 멈춰 서고, 그 삶을 이해하고자 잠시 자신의 틀을 내려놓는 순간에서 시작된다. 그 순간이 바로 이야기 세계에 임시적으로 참여하려는 독자의 경청 태도가 형성되는 지점이다.

문학을 읽는 동안 우리는 다양한 존재의 시선과 마음에 접속하게 된다. 등장인물의 감정과 입장을 따라가며, 때로는 그들의 내면과 고통을 함께 겪는다. 하지만 이런 감정이입이 단지 동일시의 차원에 머무르지 않는다는 점이 중요하다. 그것은 한 인물의 이야기를 "듣는 사람"으로서의 윤리적 행위이며, 독자의 도덕적 상상력과 책임 있는 응답을 이끄는 통로가 된다.

부스의 '임시적 믿음(nonce beliefs)'이나 콜리지(Samuel Taylor Coleridge)의 '불신의 자발적 유예(willing suspension of disbelief)'가 이를 설명한다(Booth, 1988; Coleridge, 1817/2003). 마법 거울이 말을 한다거나, 사과에 독을 탔는데도 그 사실을 모른다거나 하는 이야기 세계의 설정들. 현실에서라면 "말도 안 돼!"라고 할 법한 것들을 독자가 일단 받아들이고 따라가는 것이다. 이는 이야기 세계에 진입하기 위한 기본적인 약속이며, 비논리적인 수용이 아니라 문학의 세계에 진입하기 위한 일시적이고도 창조적인 자기 중단이다.

하지만 이야기 세계를 받아들인다고 해서 등장인물들의 행동까지 무조건 옹호해야 하는 것은 아니다. 마법 거울의 존재는 믿되, 그 거울 앞에서 매일 자신의 아름다움을 확인해야 하는 왕비의 심리를 두둔하는 것은 또 다른 문제다. 우리는 이야기 세계의 설정은 받아들이면서도, 인물의 행동과 가치에 대해서는 신중하게 판단을 유보할 수 있다.

월턴(Kendall Walton)은 이러한 독서의 성격을 '인격적 상상(personal imagining)'이라는 개념으로 설명한다(Walton, 1990). 독자는 이야기를 단순히 객관적으로 관찰하는 것이 아니라, '마치 그 인물인 것처럼(as if)' 인물의 감정과 입장을 상상하고 몰입한다. 월턴은 이것을 '가상 놀이(make-believe)'로 간주하며, 현실과는 구분되는 정서적 몰입을 통해 독자가 이야기 속 세계를 경험한다고 본다. 이처럼 상상적 몰입은 문학 속 타자와의 만남을 가능하게 하며, 감정과 판단이 교차하는 윤리적 훈련으로 이어질 수 있다.

많은 버전에서 백설공주의 계모는 원래 세상에서 가장 아름다운 여인이었다. 마법 거울도 늘 그녀가 가장 예쁘다고 대답해 왔다. 그런데 어느 날 갑자기 거울이 다른 대답을 한다. "백설공주가 더 예쁩니다." 이 순간 그녀가 느꼈을 감정을 상상해 보자. 단순한 질투일까? 아니면 그보다 더 복잡한 무언가일까? 지금까지 자신의 정체성의 핵심이었던 '아름다움'이 한순간에 무너지는 경험. 그것은 단순한 외모 경쟁이 아니라, 존재 자체의 위기일 수 있다. 아마도 중년의 여성이었을 그녀는 자신의 가치를 오직 외모에서만 찾아왔을지 모른다. 그런데 갑자기 어린 의붓딸이 자신의 자리를 위협하기 시작한 것이다.

이처럼 문학을 읽는 일은 단순한 허구 소비가 아니라, 타자와의 인격적 만남을 향한 윤리적 훈련이다. 텍스트의 초대에 응답하고, 이야기 화자의 말을 따라가는 것은 독서의 첫걸음이다. 그러나 이 감정적 반응이 어떤 가치와 연결되는지, 왜 그런 감정을 느끼는지에 대한 성찰로 이어져야 한다.

가치 몰입, 감정이입의 윤리적 전환

감정이입이 타자의 이야기에 귀 기울이는 출발점이라면, 그다음 단계는 무엇일까? 단순히 인물의 감정을 따라가는 것을 넘어서, 그 감정이 어떤 가치와 연결되어 있는지를 탐색하는 것이다. 이를 위해 감정이입을 '가치 몰입'이라는 관점에서 재구성해 볼 필요가 있다.

공동추론 기반의 대화적 읽기는 단순히 감정을 공유하거나 인물에 동일시하는 읽기를 넘어선다. 독자가 작품을 통해 어떤 감정을 경험하고, 그 감정에 어떤 판단을 내리는지, 즉 감정과 가치의 상호작용을 성찰하는 것이 핵심이 된다.

앞서 살펴본 공동추론은 두 층위의 소통 구조를 포함한다. 텍스트를 중심으로 한 저자-독자의 서사적 소통, 그리고 독자 간의 공동체 소통. 이 이중 구조를 통해 독자의 정체성 변화와 윤리적 판단의 근거가 마련된다. 첫 번째 단계는 이야기 청자가 되어 텍스트에 몰입하고 인물과 사건에 감정적으로 반응하는 감정이입의 과정이다. 하지만 대화적 읽기에서는 이 감정이 단순한 동일시가 아니라, 이야기 속 '가치'에 대한 몰입으로 이어져야 한다.

우리가 백설공주의 계모에게 느끼는 부정적 감정은 왜 그토록 강할까? 그것은 우리가 가진 어떤 가치관 때문이다. "질투는 나쁘다", "어린아이를 해치면 안 된다", "외모보다 내면이 중요하다" 같은 믿음들이 그녀에 대한 우리의 감정을 결정한다. 하지만 대화적 읽기에서는 이런 즉각적 감정 반응에서 한 걸음 물러선다. "왜 그녀는 그런 행동을 할 수밖에 없었을까?"를 텍스트의 단서를 통해 탐색해 본다.

여기서 중요한 것은 독자가 자신의 감정을 타인의 감정과 비교하고, 감정의 근거가 되는 신념이나 믿음을 성찰하는 기회를 얻는다는 점이다. 특정 인물에 감정이입이 어렵거나, 가치 충돌이 발생하는 장면에서는 개인 감정의 이면에 있는 사회적 편향이나 윤리적 지형을 조망할 수 있다.

아리스토텔레스는 감정 자체가 덕이 되는 것이 아니라, 감정에 대해 '제대로 태도를 취하는' 품성 상태가 중요하다고 보았다(Aristotle, 2011:63~67). 감정은 단순히 느끼는 것이지만, 덕성은 그 감정을 언제, 어떤 방식으로 표현할지에 대한 합리적 선택과 결부된다는 통찰이다. 누스바움 역시 감정이 공적 추론의 나침반이 될 수 있으며, 공동체의 윤리와 연결될 때 비로소 교육적 감정이 된다(Nussbaum,

1995/2013)고 보았다.

이러한 관점은 문학 교육에서 감정이입의 의미를 확장한다. 감정이입은 단지 감정적 반응이 아니라, 이야기 속 타자의 삶과 가치에 윤리적으로 응답하려는 교육적 실천의 시작이다. '가치 몰입'은 바로 이 지점에서 감정이입의 윤리적이고 교육적인 재구성이며, 독자의 공적 감정을 길러 내기 위한 접근이 된다.

하지만 여기서 주의해야 할 점이 있다. 블룸(Paul Bloom)은『공감의 배신(Against Empathy)』(2016)에서 공감이 때로는 감정적 편향이나 선호의 왜곡을 강화할 수 있음을 지적했다. 감정이입이 보편적 판단을 방해할 수도 있다는 경고다. 실제로 감정이입이 특정 인물에 대한 감정적 몰입으로만 작동할 경우, 작품 전체에 대한 비판적 성찰이나 다른 관점에 대한 고려를 제한하는 경향이 나타나기도 한다.

그렇기에 대화적 읽기는 감정이입을 출발점으로 삼되, 자신의 경험과 타인의 이야기를 대화적으로 비교하고, 가치의 다양성을 숙고하는 과정을 통해 감정과 판단 사이의 거리를 확보해야 한다. 감정과 가치는 개인적인 것이 아니라 공동체 안에서 조율되고 성찰되어야 하는 것이다.

공동체 속 감정의 조율과 대화적 실천

감정의 선호와 경향성을 공동체 내에서 숙고하고 조율하는 경험은, 독자 개인의 세계를 넘어서는 판단을 가능하게 한다. 이것이 바로 대화적 읽기가 추구하는 '감정의 공적 전환'이다.

특히 감정이입이 쉽지 않은 인물이나 이야기에서 이러한 공동체적 성찰이 더욱 중요해진다. 낯선 타자의 고통, 사회적 약자, 문화적 이질성을 가진 인물에 대한 감정이입은 개인적 공감만으로는 어렵기 때문이다. 이때 공동체 토의를 통해 자신의 감정을 말로 꺼내 보고, 타인의 감정 반응을 비교함으로써 독자는 감정의 기준을 수정하고, 이야기 세계에 대한 윤리적 해석을 도출해 낸다.

예를 들어, 노파를 살해한 도스토옙스키의 라스콜니코프, "안 하는 편을 택하겠습니다"를 반복하는 멜빌의 바틀비, 벌레로 변한 카프카의 그레고르 잠자 같은 인물들. 이들은 독자가 쉽게 공감하기 어려운 존재들이다. 그러나 바로 이런 인물들이 감정이입의 본질을 시험한다.

라스콜니코프의 살인을 우리는 정당화할 수 없다. 하지만 그가 왜 그런 선택을 했는지, 그의 사상과 고뇌가 어떤 시대적 맥락 속에 있었는지를 탐색할 수는 있다. 바틀비의 무기력한 거부는 답답하게 느껴진다. 하지만 그의 "안 하는 편을 택하겠습니다"라는 말 속에 담긴 존재론적 저항의 의미를 읽어 낼 수도 있다. 그레고르 잠자가 겪는 불합리한 고통 앞에서 우리는 당혹감을 느낀다. 하지만 바로 그 당혹감이 현대 사회의 소외와 부조리를 성찰하는 계기가 될 수 있다.

감정이입의 진정한 의미는 좋은 사람에게만 하는 것이 아니라, 이해하기 어려운 사람일수록 더 신중하게 시도해야 하는 윤리적 행위다. 대화적 읽기가 말하는 감정이입은, 이런 인물들의 고통과 동기를 섣불리 재단하지 않고, 그들의 맥락 속에서 타당성을 탐색하려는 윤리적 응답이다. 텍스트의 목소리에 귀 기울이고, 성급한 판단을 유보하며, 타자의 고유한 맥락을 이해하려고 노력하는 것이다.

이러한 과정을 통해 '가치 몰입'은 감정이입의 윤리적 완성형이 된다. 감정은 공적이고, 감정은 교육될 수 있으며, 감정은 가치 판단을 위한 기초가 될 수 있다. 공동체 안에서 자신의 감정을 표현하고, 타인의 감정과 비교하며, 그 차이를 성찰하는 경험은 단순한 동일시를 넘어서는 윤리적 읽기의 토대가 된다.

결국 대화적 읽기에서의 감정이입은 개인적 공감에서 출발하되, 공동체적 성찰을 거쳐 윤리적 응답으로 완성된다. 이야기를 '어떻게 듣고', '어떤 판단을 하며', '무엇을 응답할 것인가'에 대한 공동추론의 과정이 바로 그것이다.

다음 장에서는 이렇게 형성된 감정적 몰입을 바탕으로, 텍스트의 형상화 장치들을 탐색하는 과정을 살펴볼 것이다. 감정이입이 우리를 텍스트 속으로 이끌었다면, 형상화 탐색은 우리를 저자의 의도와 만나게 해 줄 것이다.

참고문헌

작자 미상. 『백설공주』.

Aristoteles. *Nicomachean Ethics.* 강상진·김재홍·이창우 옮김(2011). 『니코마코스 윤리학』. 도서출판 길.

Bloom, P.(2016). *Against Empathy.* 이은진 옮김(2019). 『공감의 배신』. 시공사.

Booth, W. C.(1988). *The Company We Keep: An Ethics of Fiction.* University of California Press.

Coleridge, S. T.(1817). *Biographia Literaria.* 김정근 옮김(2003). 『콜리지 문학평전』. 옴니북스.

Nussbaum, M. C. (1995). *Poetic Justice: The Literary Imagination and Public Life.* Beacon Press. 박용준 옮김 (2013). 『시적 정의』. 궁리.

Walton, K. L.(1990). *Mimesis as Make-Believe: On the Foundations of the Representational Arts.* Harvard University Press.

05

대화적 읽기와 형상화 탐색

형상화 탐색은 독자가 저자 청중의 위치에서 텍스트의 모든 장치들을 통해 드러나는 저자의 목소리를 탐색하는 과정이다. 『백설공주』를 예시로 작가가 선택한 구체적 장치들(반복, 대조, 상징 등)이 어떻게 독자의 해석을 유도하고, 특정한 가치관을 전달하는지 살펴본다.

텍스트 속에서 느껴지는 누군가의 목소리

문자 하나에도 목소리가 있다. “오늘 잘 들어가셨나요?^^” 같은 짧은 문장을 우리는 그대로만 읽지 않는다. 웃는 표시 하나에도 말의 온도가 바뀌고, 말투의 미묘한 차이에서 어떤 의도를 감지한다. 글자는 정보가 아니라, 누군가의 마음이 투과된 흔적이다.

한 아이가 『백설공주』를 읽다 이런 말을 했다. “왕비가 거울한테 계속 묻잖아요. 근데 거울이 왕비 말에 대답해 주는 게 너무 이상해요. 혹시 하인이 숨어서 대신 말한 거 아니에요?” 아이는 줄거리를 따라가기보다, 그 장치 자체를 이상하게 여겼다. 여기서 우리는 독서의 두 단계를 본다. 먼저는 ‘그런 일이 있다’고 잠정적으로 믿고 몰입하는 단계. 거울이 대답한다는 비현실적 설정을 그냥 받아들이는 순간이다. 하지만 아이는 거기서 멈추지 않았다. 그는 이미 두 번째 단계에 들어서 있었다. 즉, 이야기를 이루는 장치와 목소리를 곱씹고, 왜 그것이 배치되었는지를 묻는 자리다.

문학은 단순히 무슨 일이 일어났는지를 알려 주지 않는다. 그것을 어떤 목소리로, 어떤 태도로 말하도록 구성했는지가 더 중요하다. 『백설공주』의 사건은 비슷하지만, 그림 형제의 원작과 디즈니의 애니메이션, 그리고 『백설공주를 사랑한 난장이』는 서로 다른 울림을 갖는다. 비슷한 이야기 위에서 전혀 다른 분위기와 메시지가 만들어지는 까닭은, 목소리가 달라졌기 때문이다.

부스는 이 목소리를 '내포 저자'라고 불렀다(Booth, 1961). 실제 작가와는 다른, 작품 속에서 수많은 선택이 만들어 낸 가상의 말하기 주체. 내포 저자는 언제나 어떤 독자를 상정한다. 그는 말한다. "나는 이런 태도로 말하겠다. 그러니 너도 이 방식으로 들어 달라." 그 자리에서 독자는 단순한 청중이 아니라, 저자의 말을 함께 짊어지는 동반자, 저자가 초대한 자리에 앉아 보는 '저자 청중'이 된다.

혹시 이렇게 물을 수도 있다. "그럼 결국 독자가 개인적으로 반응하는 것과 뭐가 다른가?" 차이는 여기 있다. 독자가 자유롭게 반응하는 것이 아니라, 텍스트가 이미 특정한 청중을 가정해 두고 독자를 그 자리에 초대한다는 것. 다시 말해, 독자의 반응은 자유롭지만 근거 없는 자유는 아니다. 텍스트 속 장치들이 가리키는 방향을 따라가야 한다.

문자 속 이모티콘을 우리가 함부로 해석하지 않듯이, 문학 속 수사적 장치 역시 함부로 다룰 수 없다. 독자는 그 배치와 반복, 상징과 비유에서 의도를 읽어 내려 한다. 문학을 읽는다는 것은 결국, 내포 저자의 초대에 응답하려는 태도다.

작가의 수사적 선택들이 구성하는 의미

왕비의 질문을 다시 떠올려 보자. "거울아 거울아, 세상에서 누가 제일 예쁘니?" 한두 번이면 지나칠 수 있었을 것이다. 하지만 집요하게 반복되는 순간, 독자는 그녀의 집착을 병적인 것으로 느낀다. 이것은 줄거리가 아니라, 장치의 문제다.

대조 또한 마찬가지다. 백설공주의 자연스러운 아름다움과 왕비의 인위적인 아름다움은 대비될 때 더욱 선명해진다. 사과 역시 우연이 아니다. 성경의 금단의 열매를 환기시키며, 왕비의 유혹을 악마적 장면으로 만든다.

왕비가 거울을 통해 '사회적 평가'에만 매달려 있는 동안, 백설공주는 사회에서 가장 배제된 존재들과 자연스럽게 어울린다. 왕비의 아름다움이 '외부 시선'에 의존하는 반면, 백설공주의 아름다움은 '타자를 돌보는 실천'에서 나온다.

이 장치들이 모여 하나의 세계를 형상화한다. 거울, 반복, 대조, 사과… 이 모든 선택 속에서 말하는 목소리(내포저자)는 단순한 권선징악 이야기를 넘어 묻는다. "진짜 아름다움이란 무엇일까?"

수사적 형식이 전달하는 가치

이제 시선을 한국 문학으로 옮겨 보자. 주요섭의 「사랑손님과 어머니」는 어린아이 화자의 눈으로 쓰인다. 아이의 시선은 단순하고 투명하다. 그러나 그 단순함이야말로 가장 큰 장치다. 어른들이 직접 말하지 못하는 감정을 아이의 말이 대신 드러낸다.

풍금 소리를 떠올려 보자. 아이는 그저 "예쁜 소리"라고 말한다. 그러나 독자는 그 소리에 스며든 교감을 듣는다. 손님에게 내놓은 계란은 아이에겐 그저 흔한 음식이다. 그러나 당시 계란이 귀했다는 사실을 아는 독자는 그 속에서 말 없는 애정을 읽는다. 아이가 무심히 붙인 '사랑손님'이라는 호칭은 더욱 명확하다. 어른들이 침묵으로 감추던 관계가 아이의 말 한마디에 오롯이 담겨 있다.

풍금, 계란, 호칭. 이 사소한 것들이 작품의 중심을 이룬다. 내포 저자가 독자에게 보내는 작은 암호들. 독자는 그 암호를 풀어내며, 이야기가 단순한 사건이 아니라 수사적 초대임을 깨닫는다. 이런 탐색 과정에서 중요한 것은 우리의 해석이 자의적 상상이 아니라 텍스트의 구체적 근거에 기반한다는 점이다. "내가 생각하기에는"이 아니라 "텍스트에서 이런 장치가 발견되기 때문에"라는 어느 정도의 근거를 발견할 수 있다.

채트먼은 이야기의 내용(무엇이 말해지는가)과 형식(어떻게 말해지는가)을 구분했다(Chatman, 1978/2019). 포스터가 제시한 유명한 예를 들어 보자. '왕이 죽었다. 왕비도 죽었다'라고 하면 스토리다. '왕이 죽자 슬픔에 못 이겨 왕비도 죽었다'라고 하면 플롯이다(Forster, 1927). 단순한 사건의 나열에서 인과관계와 감정이 드러나는 순간, 우리는 '어떻게 말해지는가'의 힘을 목격한다. 형식을 해석한다는 것은 곧 저자의 태도와 관점을 읽어 내는 윤리적 독서다. 우리 속담에 '아' 다르고 '어' 다르다는 말처럼, 부르기 위한 행위가 같더라도 말해지는 방식이 다르면 상대에게 전달되는 의미와 가치는 달라진다. 이처럼 문학 속 장치들을 읽어 내고 해석하려는 독자의 태도는 문학이 전달하려는 윤리적 가치를 헤아리는 능력을 키워 준다.

내포 저자의 수사적 초대와 대화

문학을 읽는다는 것은 텍스트에 깃든 목소리에 귀 기울이는 일이다. 그러나 그것은 일방적 수용이 아니라, 대화를 요청하는 초대와 같다. 같은 『백설공주』를 두고도 "외모보다 마음이 중요하다", "질투의 위험성을 말한다", "세대 갈등을 드러낸다" 등 다양한 응답이 나온다. 이때 중요한 것은 결론적으로 다양한 해석이 나오더라도, 그 대화의 시도가 내가 주도하는 일방향이 아니라는 점이다. 텍스트가 건네는 반복, 대조, 상징 같은 장치들을 최대한 근거로 찾아 읽는 시도는 텍스트에 잠재된 저자의 목소리를 듣고자 하는 윤리적 태도에서 비롯된다.

이런 탐색 과정은 텍스트가 전하는 우정의 목소리를 제대로 듣기 위한 섬세한 경청이자, 그 가치를 온전히 판단하기 위한 토대가 된다. 문학비평에서 신아리스토텔레스(시카고학파) 전통을 잇는 부스는 저자와 독자의 관계성을 'company(동반)'로 개념화하며 친애의 윤리를 정교화했다(Booth, 1988). 여기서 company는 단순히 곁에 있는 동행이 아니라, 서로의 이해를 확장하고 판단을 상호 교정하는 관계를 뜻한다. 그는 텍스트가 건네는 우정을 경청하면서 그 해석의 합당성을 '공동추론'으로 가늠하자고 제안했다.

대화적 읽기는 내가 읽고 싶은 감성대로 읽는 일이 아니라, 저자가 초대한 청중의 자리로 이동해 다른 정체성을 기꺼이 받아들이는 순간 시작된다. 이러한 형상화 탐색을 통해 독자는 저자의 목소리를 더 정확히 들을 수 있게 되고, 나아가 그 목소리가 담고 있는 가치를 비판적으로 검토할 수 있는 준비를 갖추게 된다.

참고문헌

작자 미상. 『백설공주』.

주요섭. 『사랑손님과 어머니』. 장영우 엮음(2012). 문학과지성사.

Aristoteles. *Nicomachean Ethics.* 강상진·김재홍·이창우 옮김(2011). 『니코마코스 윤리학』. 도서출판 길.

Booth, W. C.(1961). *The Rhetoric of Fiction.* University of Chicago Press. 최상규 옮김(1999). 『소설의 수사학』. 예림기획.

Booth, W. C.(1988). *The Company We Keep: An Ethics of Fiction.* University of California Press.

Chatman, S.(1978). *Story and Discourse: Narrative Structure in Fiction and Film.* Cornell University Press. 홍재범 옮김(2019). 『이야기와 담화』. 호모루덴스.

Forster, E. M.(1927). *Aspects of the Novel.* 이성호 옮김(1990). 『소설의 이해』. 문예출판사.

06

대화적 읽기와 윤리 비평

대화적 읽기는 몰입을 넘어선 윤리적 성찰을 요구한다. 독자는 감정이입 후 거리를 두고 저자의 의도와 가치를 재검토하며, 공동체 속에서 판단의 타당성을 묻는다. 이 과정은 다양한 입장 사이를 이동하며 가치의 위계화를 훈련하고, 단순한 감상이 아닌 윤리적 사유로 독서를 전환하는 실천이다.

몰입에서 거리 두기로: 비판적 성찰의 시작

대화적 읽기에서 윤리 비평은 감정이입의 반대편에 서 있다. 감정이입이 텍스트 속으로 깊이 들어가는 과정이라면, 윤리 비평은 그 텍스트에서 한 걸음 물러나는 과정이다. 하지만 이 거리 두기는 냉담한 분석이나 무관심한 비판이 아니다. 오히려 더 성숙한 관계를 위한 윤리적 성찰의 출발점이다.

왜 거리 두기가 필요할까? 몰입 상태에서는 텍스트의 감정적 힘에 압도되기 쉽다. 우리는 등장인물의 감정에 공감하고, 저자의 메시지에 설득당하며, 이야기의 논리를 자연스럽게 받아들인다. 이것 자체는 나쁜 일이 아니다. 하지만 여기서 멈춘다면 우리는 텍스트의 수동적 소비자에 머물 뿐이다.

부스는 독자가 저자와 "좋은 친구" 관계를 맺기 위해서는 비판적 거리가 필요하다고 강조했다(Booth, 1988). 진정한 친구는 상대방의 말을 무조건 믿는 사람이 아니라, 그 말의 진정성을 판단할 수 있는 사람이다. 마찬가지로 좋은 독자는 저자의 메시지를 무비판적으로 수용하는 사람이 아니라, 그 메시지의 타당성을 검토할 수 있는 사람이다.

거리 두기는 구체적으로 어떻게 이루어질까? 부스는 독자가 '임시적 믿음'에서 벗어나 텍스트를 다시 검토해야 한다고 말한다. 감정이입 단계에서 우리는 텍스트의 세계를 일시적으로 믿어 주었다. 이제는 그 믿음이 정당한 것이었는지 되돌아봐야 한다(Booth, 1988).

이 과정에서 중요한 것은 텍스트의 이야기 층위와 담화 층위를 구분하는 것이다. 이야기 층위는 '무엇이 일어났는가'이고, 담화 층위는 '그것이 어떻게 말해졌는가'이다(Chatman, 1978/2019). 같은 사건도 말하는 방식에 따라 전혀 다른 의미가 될 수 있다. 윤리 비평에서는 저자가 왜 이런 방식으로 말했는지, 그 방식이 독자에게 어떤 영향을 미치는지를 비판적으로 검토한다.

예를 들어 『백설공주』에서 왕비가 백설공주를 죽이려 하는 사건 자체(이야기 층위)와 그 사건을 왕비의 질투심으로 설명하는 방식(담화 층위)은 다른 차원이다. 저자는 왜 다른 동기가 아닌 질투심으로 설명했을까? 만약 왕위 계승권을 둘러싼 정치적 갈등이나 왕국의 안위를 위한 선택으로 설명했다면 어떨까? 하지만 작가는 여성의 외모에 대한 질투심이라는 심리적 동기를 선택했다. 이런 서술 방식의 선택이 독자에게 어떤 메시지를 전달하려는 것일까?

이런 거리 두기를 통해 독자는 텍스트의 감정적 조작에서 벗어나 자율적 판단 주체가 된다. 동시에 저자와 더 성숙한 대화 관계를 맺을 수 있게 된다.

독서 공동체와 가치의 측정

개인적 거리 두기만으로는 충분하지 않다. 내가 내린 판단이 과연 타당한 것인지 확인하려면, 다른 사람들과의 대화가 필요하다. 여기서 등장하는 것이 '독서 공동체'라는 개념이다.

독서 공동체는 피시(Stanley Fish)가 말한 '해석 공동체(interpretive communities)'와는 다른 개념이다. 피시의 해석 공동체는 비슷한 해석 전략을 공유하는 사람들의 집단이다. 같은 문학 이론을 배운 사람들, 같은 문화적 배경을 가진 사람들이 비슷하게 텍스트를 해석한다(Fish, 1980)는 것이다. 하지만 이런 공동체는 자신들의 해석 방식을 당연하게 여기며, 다른 관점을 배제하기 쉽다.

반면 대화적 읽기의 독서 공동체는 서로 다른 해석과 가치 판단을 적극적으로 비교한다. 목표는 하나의 해석으로 통일하는 것이 아니라, 다양한 관점들 사이에서 더 합당한 판단을 찾아가는 것이다. 이는 아리스토텔레스가 말한 '실천적 지혜(phronesis)'의 현대적 실천이다.

실천적 지혜는 각각의 상황에서 무엇이 좋은 행동인지를 판단하는 능력이다. 아리스토텔레스에 따르면 이 판단은 추상적 원칙만으로는 내릴 수 없다. 구체적 상황의 맥락을 고려하고, 다양한 관점을 비교하며, 공동체의 경험을 참고해야 한다. 특히 중요한 것은 '적절한 때에, 적절한 방식으로, 적절한 정도로' 행동하는 것인데, 이 '적절함'의 기준은 타인과의 대화를 통해서만 측정할 수 있다(Aristoteles, 2011).

독서 공동체에서 이루어지는 가치 측정 과정이 바로 이런 실천적 지혜의 훈련이다. 텍스트의 어떤 가치가 우리 상황에서 적절한지, 어느 정도까지 수용할 수 있는지, 어떤 방식으로 적용해야 하는지를 함께 판단한다.

가치 측정은 구체적으로 어떻게 이루어질까? 우선 각자가 텍스트에서 발견한 가치와 그에 대한 판단을 솔직하게 표현한다. 그다음 서로의 판단을 비교하고, 그 차이가 생긴 이유를 탐색한다. 마지막으로 어떤 판단이 더 설득력 있는지, 더 포괄적인지, 더 공정한지를 함께 검토한다.

이 과정에서 중요한 것은 '정답 찾기'가 아니라 '더 나은 판단 찾기'다. 절대적으로 옳은 해석은 없을 수 있다. 하지만 상대적으로 더 합당하고, 더 포용적이며, 더 건설적인 해석은 있다. 독서 공동체는 이런 상대적 우수성을 집단 지성을 통해 판별한다.

윤리적 숙고와 가치의 위계화

윤리 비평의 핵심은 아리스토텔레스가 말한 '숙고(bouleusis)' 과정에 있다. 아리스토텔레스에 따르면 "실천적 지혜는 인간적인 좋음에 관계하며 숙고가 가능한 것에 관계한다. 우리는 실천적 지혜가 있는 사람의 특징이 무엇보다도 바로 이러한 기능, 즉 잘 숙고하는 것이라고 말하는데 [⋯] 단적으로 잘 숙고하는 사람은 인간적 행위에 의해 성취될 수 있는 것들 중 최선의 것을 헤아림에 따라 적중시키는 사람이다"(Aristoteles, 2011:216). 숙고는 단순한 고민이 아니라 행동의 목표와 수단을 체계적으로 검토하는 과정이다. 독서에서 숙고는 텍스트의 가치가 우리 삶에서 어떤 의미를 가져야 하는지를 신중하게 검토하는 것이다.

숙고의 특징은 '입장의 전환 가능성'에 있다. 일반적인 토론에서는 자신의 입장을 정하고 그것을 끝까지 고수하는 것이 미덕으로 여겨진다. 하지만 윤리적 숙고에서는 입장을 바꾸는 것이 오히려 성숙함의 표시다.

왜 입장 전환이 중요할까? 아리스토텔레스가 말한 실천적 지혜의 핵심인 '잘 숙고하기'는 여러 가능성을 검토하고 최선을 헤아리는 과정이다. 하나의 관점에 고착되면 이런 헤아림의 폭이 좁아진다. 반대로 다른 관점을 진지하게 고려할 수 있는 사람이 더 현명한 판단을 내릴 수 있다.

입장 전환은 단순한 굴복이나 포기가 아니다. 그것은 능동적인 가치 조정 과정이다. 독자는 다른 사람의 논거를 듣고, 그것의 설득력을 평가하며, 자신의 기존 판단과 비교한다. 만약 다른 관점이 더 합당하다고 판단되면, 기꺼이 자신의 입장을 수정한다.

이런 과정을 통해 '가치의 중요도 판단'이 이루어진다. 가치의 중요도 판단이란 여러 가치들 사이에서 우선순위를 정하는 것이다. 예를 들어 『백설공주』에서 '아름다움', '선함', '포용성', '정의' 등 다양한 가치가 충돌할 때, 어떤 가치를 더 중시해야 하는지를 판단하는 것이다.

이때 중요한 것은 단순히 다양성을 인정하는 것이 아니라, 그 다양성 속에서 더 근본적이고 궁극적인 가치를 탐구하는 일이다. 아리스토텔레스는 이를 '최고선' 혹은 인간다운 삶의 궁극적 목적으로 설명하며, 개별적이고 상대적인 좋음들을 넘어 진정으로 좋은 삶이 무엇인지 숙고하는 것을 철학의 과제로 삼았다.

윤리적 숙고는 또한 '경합의 정신'을 요구한다. 이는 서로 다른 가치들이 부딪치는 상황에서도 상대를 배제하지 않고, 더 나은 길을 함께 모색하려는 태도다. 갈등이 상대를 제거하려는 것이라면, 경합은 상대와 함께 더 높은 수준을 지향한다.

실제 교실에서는 이런 과정이 구체적으로 어떻게 나타날까? 『백설공주』를 예로 들어 보자. 어떤 학생은 처음에

"권선징악"이라는 단순한 교훈으로 이해했을 수 있다. 하지만 다른 학생들과의 숙고 과정을 통해 "사회적 약자에 대한 포용", "외모 중심 사회에 대한 비판", "진정한 아름다움의 의미" 등 더 복합적인 가치 체계로 발전시킬 수 있다. 이러한 해석들은 흩어진 의견이 아니라, 서로 경합하며 토론되는 과정 속에서 더 깊고 보편적인 가치로 나아가게 된다.

이런 윤리적 숙고를 통해 독자들은 텍스트에 대한 더 성숙한 판단에 도달할 뿐만 아니라, 가치 판단 자체의 방법을 학습한다. 이는 문학 교실을 넘어 삶의 다른 영역에서도 유용한 능력이 된다. 복잡한 윤리적 문제에 직면했을 때, 성급한 판단보다는 신중한 숙고를, 독단적 고집보다는 열린 대화를 선택할 수 있게 된다.

다음 장에서는 이렇게 형성된 가치 판단을 더 넓은 맥락에서 검증하는 보편청중 단계를 살펴볼 것이다.

참고문헌

작자 미상. 『백설공주』.

Aristoteles. *Nicomachean Ethics*. 강상진·김재홍·이창우 옮김(2011). 『니코마코스 윤리학』. 도서출판 길.

Booth, W. C.(1988). *The Company We Keep: An Ethics of*

Fiction. University of California Press.

Chatman, S.(1978). *Story and Discourse: Narrative Structure in Fiction and Film.* Cornell University Press. 홍재범 옮김(2019). 『이야기와 담화: 영화와 소설의 서사 구조』. 호모루덴스.

Fish, S. (1980). *Is There a Text in This Class?.* Harvard University Press.

07

대화적 읽기와 보편청중

보편청중(universal audience)은 문학 읽기를 단순한 감정이입을 넘어 윤리적 판단의 훈련으로 전환하는 상상적 타자다. 페렐만의 신수사학에서 비롯된 이 개념은 특정 집단이나 공동체의 이해관계를 넘어서, 나의 판단에 마침표를 찍으려는 행위를 물음표로 바꾸는 상상력을 기른다. 독자는 타인의 고통을 이해하면서도 객관성을 유지하며, 다양한 청중의 시선으로 텍스트를 재해석하는 윤리적 독자가 되어야 한다. 문학 교육은 이를 실천하는 훈련의 장이 된다.

특정 공동체를 넘어서는 대화

지금까지 우리는 다양한 정체성을 통해 문학 텍스트와의 대화를 시도해 왔다. 저자의 초대에 응하며, 감정에 몰입하는 대화, 형상화를 탐색하는 대화, 만남을 공동체적 차원에서 성찰해 보는 '윤리 비평'의 대화가 그것이다.

그런데 여기서 한 가지 더 깊이 들어가야 할 문제가 있다. 과연 우리 공동체가 내린 판단이 충분히 성찰된 것일까? 우리가 옳다고 여기는 가치들이 혹시 특정한 시간과 공간에 제한된 편향은 아닐까? 문학이 전하는 메시지를 받아들이거나 거부할 때, 우리는 정말로 충분히 다양한 관점을 고려했다고 말할 수 있을까?

이제 우리 공동체 역시 빠져 있을지 모르는 편향을 넘어서기 위해 다른 시간과 공간의 청중과 대화를 시도해 보자. 이 청중은 미래의 청중일 수도 있고, 우리와는 반대편 대륙에 사는 청중일 수도 있다. 정확히 말하면 실재하지는 않지만 우리가 지닌 윤리적 가치를 성찰할 수 있도록 도와주도록 요청되는 청중이 필요하다.

예를 들어 『흥부전』을 읽을 때를 생각해 보자. 조선 시대 당시에는 권선징악의 윤리 구조와 가난해도 선한 사람이 복을 받는다는 가치를 전하려 했다. 현재 우리는 '흥부의 행위가 과연 본받아야 할 윤리인가', '경제관념이 투철

한 놀부를 무조건 비판만 할 수 있는가'라는 질문을 던진다. 그런데 여기서 한발 더 나아가 보자. 100년 후 미래 청중은 이 이야기를 어떻게 평가할까? 혹시 그들은 우리 세대가 놀부를 재평가한 것을 보며 '자본주의의 영향으로 너무 경제적 가치를 중시했구나'라고 평가하지는 않을까? 페렐만(Chaïm Perelman)은 이처럼 시간과 공간을 넘나드는 상상의 청중을 '보편청중'이라 불렀다.

보편청중: 여기 없는 타자를 초대하는 상상력

'보편청중'은 페렐만의 신수사학에서 비롯된 개념으로, 특정 독자나 공동체의 관점에 국한되지 않고 다른 관점들까지 고려한 판단을 가능하게 하는 상상적 타자를 의미한다. 페렐만에 따르면, 진정으로 타당한 주장은 이러한 '보편청중'을 향한 주장이어야 한다(Perelman, 1958; Maneli, 1994/2006에서 재인용).

여기서 중요한 것은 이 보편청중이 실제로 존재하는 대상이 아니라는 점이다. 그러나 그 존재하지 않음이야말로 우리에게 '지금 여기에 없는 타자'를 초대하는 윤리적 상상력의 근거가 된다. 페렐만의 '비확정적 보편청중(indeterminate universal audience)' 개념에 주목해 보자. 혹자는 이런 의문을 제기할 수 있다. "누구에게나 합의할 수 있는 개념이 어떻게 가능한가? 그것은 너무 낭만적인 이론이 아닌가?" 하지만 이러한 비판은 보편청중의 본질을 오해한 데서 비롯된다.

보편청중의 핵심은 결과가 아니라 과정에 있다. 모든 사람을 실제로 설득할 수 있다는 환상이 아니라, 더 다양한 타자를 떠올리며 대화하려는 상상력의 태도를 강조하는 개념이다. 우리가 내린 합의나 판단조차 언제든 예기치 못한 관점에서 다시 질문받을 수 있다는 열린 자세를 유지하라는 것이다(Perelman, 1969; Maneli, 1994/2006에서 재인용).

쉽게 말하면, 우리의 합의는 마침표가 아니라 물음표가 되어야 한다는 뜻이다. "이 해석이 정답이다"가 아니라 "이 해석이 다른 누군가에게는 어떻게 받아들여질까?"라는 질문을 지속하는 것이다. 단순히 설득이 목표가 아니라 윤리적으로 정당한 설득을 추구하는 자세다. 이런 끊임없는 성찰의 자세야말로 대화적 읽기의 핵심이다.

이러한 자기 관점에 거리를 두는 훈련은 여러 학자에 의해 제안되어 왔다. 도덕적 판단을 내릴 때 공감하면서도, 즉각적 감정 의존은 피하는 스미스(Adam Smith)의 '공정한 관찰자'(Smith, 1759/2016), 작품 속 감정에 몰입하면서도 일정한 거리를 유지하는 '분별 있는 관찰자'(Nussbaum,

1995/2013) 등이 그것이다. 이들은 공통적으로 공감과 거리 두기의 왕복 운동을 통해 더 높은 차원의 성찰을 추구했다. 물론 이 개념들은 각각 더 엄밀한 맥락과 구체성을 가지고 있다. 하지만 대화적 읽기에서는 우리의 편향성을 극복할 수 있도록 요청된 타자로서 기능한다는 공통점에 주목하고자 한다.

부스가 말한 '공동추론'의 의미가 여기서 중요해진다. 공동추론은 혼자서 결론을 도출하는 연역도, 개별 사례들을 모아 일반화하는 귀납도 아니다. 서로 다른 경험과 관점을 가진 사람들이 대화를 통해 함께 더 나은 이해에 도달하려는 시도다(Booth, 1988). 이 맥락에서 페렐만이 말한 '보편청중'은 공동추론의 구체적 장치로 기능한다. 보편청중을 상상한다는 것은, 나와 다른 생각을 가진 이들을 적이 아닌 진리의 동반자로 받아들이겠다는 의지를 드러내는 일이다.

이러한 관점은 앞서 언급한 아리스토텔레스의 '친애' 개념과도 긴밀히 연결된다. 친애적 공동체란 각자가 자신의 관점을 포기하는 곳이 아니라, 서로 다른 입장들이 '합당성'을 두고 경합하면서도 존중과 우정을 유지하는 관계라 말한 바 있다. 보편청중과의 대화가 지향하는 궁극적 목표도 바로 이런 친애적 공동체를 구성하는 데 있다. 내가 옳다고 믿는 것조차 타인의 시선에서 어떻게 비칠지를 자문하며, 설득의 가능성을 끊임없이 탐색하는 것이다.

이처럼 보편청중을 상상하는 일은, 다름 속에서 공존과 설득 가능성을 탐색하는 '실천적 추론'의 훈련이다. 그리고 이러한 실천적 추론을 훈련하기에 가장 적합한 장이 바로 문학이다.

문학 텍스트는 구체적인 상황 속에서 인물들이 선택하고 행동하는 모습을 보여 주면서도, 그 선택의 의미를 독자가 함께 탐구하도록 초대한다. 독자는 작품 속 인물과 대화하고, 다른 독자들과 대화하며, 나아가 상상 속의 다양한 청중과 대화하면서 실천적 지혜를 기를 수 있다. 이는 진리를 말하려는 것이 아니라, 그것을 함께 만들어 가는 태도를 강조한다. 보편청중은 단지 이론적 개념이 아니라, 우리가 세상을 대화로 풀어 가려는 윤리적 실천이 된다.

무엇을 읽느냐보다, 누구를 상상하며 읽는가

백설공주 이야기에서 우리는 보통 '선량한 주인공이 악한 계모를 이기는 권선징악'의 가치를 읽어 낸다. 그런데 이 해석을 다양한 상상의 청중 앞에 놓고 보면 어떨까? 헬렌 켈러의 관점에서는 백설공주가 장애로 차별받는 난쟁이들과 동등한 관계를 맺으려 노력한 점을 높이 평가할 수 있다. 성냥팔이 소녀의 시선에서는 '아름다움'도 특권은 아닐까? 정말 아무것도 없는 사람들의 구원은 누가 책임질 것인지 묻는 분별 있는 관찰자의 시선으로 읽어 낼 수도 있다.

이런 다양한 목소리들은 우리의 단순했던 해석을 풍부하게 한다. 헬렌 켈러와 성냥팔이 소녀의 입장을 개인의 자립심이나 책임을 강조하는 사람들에게 설득해 보며 보편청중의 관점을 상상해 본다. 이 단계에서 어떤 관점도 절대적이지 않으며, 모든 판단은 더 넓은 맥락에서 다시 검토받을 수 있다는 겸손함을 갖게 된다.

이러한 상상적 대화는 단순한 관점 바꾸기를 넘어서 '상호텍스트적 읽기(intertextual reading)'를 가능하게 한다. 이전에 읽었던 다양한 텍스트 속 인물들을 새로운 텍스트와 연결 지으며, 각각의 읽기 경험이 서로 대화하게 되는 것이다. 개별적이었던 독서 경험들이 하나의 큰 맥락 속에서 연결되고 확장되는 순간이다(김도남, 2003).

물론 처음에는 우리 공동체를 넘어 다른 관점을 상상하기 어려워하는 독자들이 많다. 이때 교사는 구체적인 비계를 마련할 수 있다. 지금까지 읽었던 작품 속 인물 카드나 다양한 시대와 지역의 인물 카드를 준비해 두는 것이다. 이 카드에는 인물의 성격, 가치관, 당시 배경 등이 간단히

정리돼 있다. 학생들은 해석할 때 이 인물의 시선을 상상하며 텍스트에 질문을 던진다. "간디라면 이 상황을 어떻게 볼까?" "이 해석을 『흥부전』의 놀부가 듣는다면?" "어린 왕자는 뭐라고 할까?" 이런 질문들을 통해 독자는 자연스럽게 자신의 입장을 유예하고 다른 시선으로 텍스트를 바라보는 훈련을 할 수 있다.

마침표를 물음표로 바꾸는 지혜

보편청중과의 대화는 우리의 판단을 완전히 바꾸라는 요구가 아니다. 오히려 "다른 관점에서는 어떻게 보일까?"라는 물음을 통해 그 판단을 더 견고하고 포용적으로 만들라는 초대다. 우리는 여전히 우리의 가치를 소중히 여기되, 그것이 다른 사람들에게는 어떻게 받아들여질지까지 고려하는 성숙함을 기를 수 있다. 결국 "무엇을 읽었느냐"가 아니라 "누구를 상상하며 읽었느냐"를 묻는 읽기가 필요한 것이다.

결국 문학 교육의 목표는 정답을 주는 것이 아니라, 더 나은 질문을 던지게 하는 데 있다. 그 질문은 이제 "내가 옳은가?"가 아니라, "나의 옳음이 다른 누군가에게는 어떻게 받아들여질까?"를 향한다. 이 순간 문학 읽기는 곧 윤리적 성찰이 된다.

보편청중이 실제 존재하는 청중은 아니다. 보편청중은 모두를 설득할 수 있다는 환상이 아니라, 다른 관점들을 지속적으로 고려하려는 끊임없는 성찰의 시선이다. 타인의 입장에서 세계를 읽고, 그 시선으로 다시 나를 성찰하게 하는 일. 내 판단에 마침표를 찍으려는 행위를 물음표로 바꾸는 훈련인 것이다.

그것이 보편청중과 함께하는 읽기의 지혜이며, 대화적 읽기가 지향하는 궁극적 목표다. 문학을 통해 우리는 단순히 작품을 이해하는 것을 넘어서, 세상을 이해하고 자신을 성찰하는 철학적 감수성을 기를 수 있다. 그 감수성이야말로 현대 사회에 요청되는 진정한 의미의 대화 리터러시라 할 수 있다.

참고문헌

작자 미상. 『흥부전』.

김도남(2003). 『상호텍스트성과 텍스트 이해 교육』. 박이정.

김명민(2023). 공동추론 기반 문학 토의 수업 모형 개발. 가톨릭대학교 대학원, 독서교육전공 박사학위 논문.

Booth, W. C.(1988). *The Company We Keep: An Ethics of Fiction*. University of California Press.

Maneli, M.(1994). *Perelman's New Rhetoric as Philosophy and Methodology for the Next Century*. Springer Netherlands.

손장권·김상희 옮김(2006). 『페렐만의 신수사학: 새로운 세기의 철학과 방법론』. 고려대학교출판문화원.

Nussbaum, M. C.(1995). *Poetic Justice: The Literary Imagination and Public Life*. Beacon Press. 박용준 옮김(2013). 『시적 정의: 문학적 상상력과 공적인 삶』. 궁리출판사.

Smith, A.(1759). *The Theory of Moral Sentiments*. Penguin Books. 김광수 옮김(2016). 『도덕감정론』. 한길사.

08

대화적 읽기와 저자 되기

대화적 읽기의 완성은 저자가 되는 응답의 과정이다. 글쓰기는 감정의 토로가 아닌 책임 있는 말 걸기이며, 타자에 대한 윤리적 위치 설정이다. 정체성은 담론과 타자의 관계 속에서 형성되며, 응답은 독립된 판단이 아니라 공동체를 향한 대화의 실천이다. 글쓰기를 통해 독자는 윤리적 주체가 된다.

응답하는 창작자의 탄생

이전의 글쓰기 교육은 크게 세 가지 방향으로 진행되었다. 첫째는 문법과 구성 같은 기술 훈련에 집중하는 방식으로, 정확하고 체계적인 글쓰기의 기초를 다진다. 둘째는 개인적 감상과 경험을 중시하는 방식으로, 독자의 주체적 해석을 중요하게 여긴다. 셋째는 사회구성주의적 접근으로 특정 공동체의 담론에 참여하는 능력을 기르는 방식이다.

이 각각의 접근법은 나름의 의미와 성과를 거두었다. 기술 훈련은 글쓰기의 기본기를 탄탄하게 했고, 개인적 감상은 독자의 능동성을 일깨웠으며, 공동체 중심 접근은 글쓰기의 사회적 차원을 부각했다.

그렇다면 진정한 창작자가 된다는 것은 무엇일까? 단순히 기술을 익히고, 감상을 표현하고, 공동체에 적응하는 것을 넘어서는 무엇이 있을까?

바흐친의 '응답성(answerability)' 개념을 글쓰기 교육에서 깊이 탐구해 온 이재기(2017)는, 읽기와 쓰기를 저자와 독자 사이의 응답적 관계로 새롭게 바라보았다. 이재기는 바흐친 대화 이론을 국어 교육에 적용하는 선구적 작업을 수행했으며, 특히 응답성 개념의 교육적 함의를 체계화했다. 본 장에서 다루는 바흐친의 응답성, 외재성, 초수신자 개념은 공동추론 기반 대화적 읽기를 완성하는 핵심 개념들이다.

그에 따르면, 바흐친은 "모든 발화는 다른 발화에 대한 응답이며, 또 다른 응답을 예상하며 구성된다"고 보았다(이재기, 2017). 독자는 저자의 의도를 수동적으로 받아들이는 존재가 아니라, 자신의 고유한 자리를 유지하며 타자의 말에 응답하는 주체다. 읽기가 타자의 말을 듣는 일이라면, 쓰기는 그 말에 응답하는 일이다. 이 응답의 순간, 독자는 저자로 전화한다.

이 말이 지금의 우리와도 관련이 될까? 카카오톡 메시지 하나가 관계를 바꾸고, 인스타그램 댓글 한 줄이 논란을 일으키며, 블로그 포스팅 하나가 수만 명의 공감을 얻기도 한다. 하지만 응답의 형태는 글쓰기에만 머물지 않는다. 틱톡 영상으로 사회적 메시지를 전달하고, 인스타그램 그림으로 위로를 건네며, 유튜브 커버 영상으로 원곡에 새로운 해석을 더한다. 웹툰으로 소설을 각색하고, 연극으로 고전을 재해석하며, 패러디 영상으로 시대적 비판을 담아낸다.

이런 관점에서 보면 독자는 단순히 해석의 정답을 찾는 존재가 아니다. 텍스트가 던진 질문에 자기만의 창작 언어로 책임 있게 반응하는 존재다. 그 반응이 글일 수도 있고, 그림일 수도 있고, 연극일 수도 있고, 영상일 수도 있다. 창작은 종결 불가능한 대화에서 잠시 머무는 정박지와 같다. 내 응답은 형태를 갖추지만, 그것은 끝이 아니라 또 다른 누군가의 응답을 기다리는 초대다.

그래서 창작은 정체성 형성과 맞닿아 있다. 언어 활동이 담론 공동체 속에서 개인의 정체성을 구성한다는 것은 이미 잘 알려진 사실이다. 우리는 응답하는 과정에서 자신을 다시 쓴다. 하지만 그 정체성 역시 고정되지 않는다. 응답할 때마다 우리는 다시 생성되고 변화한다. 타자와 관계 맺는 윤리적 위치를 세우는 것도 한 번의 결정이 아니라 끊임없는 대화 속에서 이루어진다.

온라인에서 이루어지는 창작 활동을 보자. 하나의 영상이 사회적 운동의 출발점이 되기도 하고, 작은 그림 하나가 수많은 사람들의 마음을 움직이기도 한다. 문학작품을 읽고 그려 낸 팬아트가 원작에 새로운 해석을 더하기도 하고, 고전을 현대적으로 각색한 연극이 새로운 세대에게 감동을 전하기도 한다.

이런 맥락에서 교실에서의 창작 활동도 "과제를 위한 결과물"이 아니라, 언제나 응답을 기다리는 발화임을 학생들이 자각하도록 해야 한다. 이때 '응답'은 단순한 반응이 아니라 윤리적 책임의 표현이다. 타자의 말에 아무런 응답도 하지 않는 것은 이해의 완성이 아니라 대화의 중단이다. 진정한 이해는 응답의 형태로만 드러난다.

따라서 응답으로서의 글쓰기는 단지 표현력을 키우는 작문 수업이 아니다. 누군가의 목소리에 귀 기울이고, 그에 책임 있게 답하는 윤리적 실천이다. 내가 쓴 글은 또 다른 누군가의 응답을 기다리며, 그 응답에 대해 나는 책임을 진다. 이것이 응답성의 본질이다.

대화적 긴장과 응답

진정한 응답은 거리에서 시작된다. 너무 가까우면 타자의 고유한 목소리가 내 감정에 흡수되고, 너무 멀면 이해의 끈이 끊어진다. 응답은 단순한 반응이 아니다. 반응이 즉각적이고 감정적인 것이라면, 응답은 성찰적이고 윤리적이다. 반응은 나를 표현하지만, 응답은 타자와의 관계를 만든다.

4장에서 살펴본 감정이입은 타자를 이해하는 중요한 출발점이다. 그러나 감정이입만으로는 충분하지 않다. 감정이입은 타자의 감정 속에 깊이 빠져드는 것이지만, 그 속에서 나를 잃어버릴 위험이 있다. 내가 타자 안에 완전히 용해된다면, 두 사람 대신 하나의 의식만 남을 뿐이다. 그렇게 되면 대화는 불가능해진다. 대화는 나와 너, 두 개의 목소리가 있을 때만 가능하기 때문이다.

바흐친은 이를 경계하며 '외재성(outsidedness)'을 강조했다(이재기, 2017). 타자를 이해하기 위해서는 동일화되는 것이 아니라 일정한 거리를 유지해야 한다. 내가 나의 자리를 지키며 타자를 바라볼 때, 그 차이 속에서 새로운 의미가 생겨난다. 토도로프(Tzvetan Todorov)에 따르면, 바흐친에게 "생산성은 하나 속에 모든 것을 용해시키는 데 있는 것이 아니라, 나의 외재성, 나의 비용해의 긴장 속에 있으며, 다른 사람들 밖에 놓여 있는 나의 독자적인 위치가 내게 부여하는 특권의 사용에 있다"(Todorov, 1981/1987; 이재기, 2017에서 재인용).

누스바움은 이러한 태도를 '몰입과 비판적 대화의 왕복운동'이라 표현했다. 독서는 단순한 몰입이 아니라, 감정과 판단이 오가는 끊임없는 교섭의 과정이다. 우리는 텍스트 속 인물에게 깊이 공감하면서도(몰입), 동시에 그 인물의 선택과 가치를 비판적으로 검토한다(대화). 감정은 이해의 문을 열고, 비판은 그 문을 닫지 않게 한다. 이 두 움직임이 균형을 이루는 지점에서 비로소 합당한 판단이 태어난다.

본 연구에서는 이러한 논의들을 아우르는 개념으로 '대화적 긴장'이라는 용어를 제안한다. 대화적 긴장이란 타자에게 몰입하되 나를 잃지 않고, 타자의 목소리를 듣되 나만의 목소리를 유지하는 상태를 뜻한다.

이것이 공동추론의 본질이기도 하다. 공동추론은 타자의 관점에 깊이 몰입하되, 나의 판단을 포기하지 않는다. 타자를 이해하되, 그 이해를 무비판적으로 수용하지 않는다. 이 긴장 속에서 우리는 "무엇이 더 합당한가"를 함께 검토한다. 앞 장에서 본 보편청중이 합당성을 가늠하게 해 주는 가상의 기준이라면, 대화적 긴장은 그 합당성을 실제로 유지하게 해 주는 태도다.

그렇다면 이 긴장은 창작과 어떤 관계인가? 대화적 긴장을 유지한 채 응답한다는 것은, 텍스트에 빠져들되 나를 잃지 않고, 저자의 목소리를 듣되 나만의 목소리를 갖는다는 뜻이다. 이 균형 위에서만 독자는 진정한 저자가 될 수 있다. 단순히 텍스트를 모방하거나 감상을 토로하는 것이 아니라, 자신의 고유한 자리에서 텍스트에 응답하는 것. 그것이 저자 되기의 출발점이다.

결국 응답의 윤리는 긴장의 윤리다. 타자와의 간격을 유지할 수 있을 때 비로소 대화는 폭력으로 변하지 않는다. 나의 이해를 강요하지 않으면서도, 상대의 말에 책임있게 반응하는 일. 그 긴장 속에서 우리는 단순한 반응을 넘어 진정한 응답에 이르며, 나아가 저자로 성장한다.

교육 현장에서 이 개념들은 각각 흩어질 위험이 있었다. 바흐친의 '응답성' 개념은 개념이기 이전에 인간이 인간을 마주하고 대화하는 본질적인 과정이다.

누군가의 대화에 초대되어 그 대화에 몰입하고(4장), 그 대화의 내용과 구조를 꼼꼼히 살피며(5장), 그 대화가 담고 있는 가치를 측정해 보고(6장), 우리끼리만의 논의에 머물지 않도록 다른 청중을 떠올려 본다(7장). 자, 이제 이 과정은 하나의 지점으로 수렴된다. 우리는 초대에 응한 대화에, 우리의 언어로 다시 응답한다. 그것은 단순한 전달이 아니라 새로운 가치의 창조이며, 또 다른 누군가에게 도달하기를 바라는 응답이다.

그렇다면 독자는 누구를 향해 글을 쓰는가? 교실에서 학생들이 쓰는 글의 직접적인 독자는 교사와 친구들이다. 하지만 진정한 창작은 지금 여기의 독자만을 향하지 않는다.

바흐친의 '초수신자(superaddressee)' 개념을 소개한 이재기(2017)는, 모든 저자는 직접적인 수신자를 넘어서 "절대적으로 정당한 초수신자의 응답적인 이해"를 기대한다고 말한다. 이 초수신자는 현재의 독자가 아닐 수도 있다. 때로는 역사적으로 먼 시대 속에 투사되기도 하고, 때로는 아직 오지 않은 미래의 독자이기도 하다. 바흐친은 “담론에서 응답의 부재(무응답성)보다 더 끔찍한 것은 없다”고 말했다(이재기, 2017에서 재인용). 저자는 누군가의 응답을 간절히 기다린다. 그 누군가가 지금 여기에 있지 않을 수도 있다.

이 책에서는 이를 ‘도달할 청중’이라 부르고자 한다. 도달할 청중은 지금 당장 내 글을 읽는 사람이 아니라, 언젠가 어디선가 내 글에 응답해 줄 누군가다.

사실 이는 앞 장에서 본 보편청중과 본질적으로 같은 청중이다. 다만 보편청중이 “누구에게까지 설득력이 있는가”를 묻는다면, 도달할 청중은 “누구에게 나의 응답이 닿을 것인가”를 의식한다. 읽기에서 우리는 판단의 기준으로서 보편청중을 상상하고, 쓰기에서는 응답의 책임을 지는 대상으로서 도달할 청중을 의식한다. 결국 우리가 상상하는 것은 나를 넘어선 타자이며, 그 타자 앞에서 합당하고 책임 있는 응답을 하려는 윤리다.

니체(Friedrich Nietzsche)는 자신의 글쓰기를 산봉우리로 비유했다. 그는 높은 곳에서 홀로 외친 말이 언젠가 거대한 정신을 지닌 이에게 도달하리라 믿었다. 그의 저작들에서 니체는 자신의 독자는 아직 태어나지 않았으며, 자신을 이해할 사람들을 위해서는 세기를 기다려야 할지도 모른다고 썼다. 지금의 독자가 아니라 도달할 청중을 상상하며 글을 쓴 것이다. 결국 한 세기를 건너 그의 목소리는 우리에게 도달했다.

모든 글이 미래에 닿는 것은 아니다. 그는 지금 여기의 독자를 넘어, 도달할 청중에게 글을 쓰기 위해 자신은 '피로 글을 쓴다'고 했다. 이런 진정성과 용기 있는 응답을 우리도 미래에 전달할 수 있을까? 그 가능성은 우리가 지금 어떤 청중을 향해 글을 쓰는가에 달려 있다.

구체적으로 『심청전』을 읽는 상황을 생각해 보자. 나는 이런 질문을 던질 수 있다. "나는 이 책의 저자에게 어떤 응답을 해야 할까?"

이 텍스트는 수백 년을 넘어 지금의 나에게 대화를 시도한다. "아버지를 위해 자신을 희생하는 심청의 효심은 아름답지 않니?"라고 묻는다. 나는 처음에는 "효도는 중요하지만, 어린 딸을 파는 건 너무한 거 아닌가요? 진정한 효도가 이런 희생인가요?"라고 답하려 한다.

그런데 여기서 멈추지 않는다. 나는 다시 묻는다. "500년 뒤, 도달할 청중은 지금 나의 이 평가를 어떻게 생각할까?" 나는 어떤 가치로 이 이야기를 평가했던가? 혹시 나는 개인의 자율성을 지나치게 강조하며, 공동체를 위한 헌신이라는 가치를 너무 쉽게 폄하하고 있는 건 아닐까? 아니면 반대로, 미래의 독자는 "2025년 사람들은 왜 여전히 자기희생을 미덕으로 봤을까?"라고 물을까?

이 순간, 나는 단순히 텍스트를 이해하는 것을 넘어선다. 저자의 목소리를 듣고(몰입), 자신의 판단을 세우고(비판), 그 판단이 도달할 청중 앞에서도 합당한지 검토한다(성찰). 이것이 대화적 긴장 속에서 이루어지는 공동추론이며, 이 과정에서 나는 저자가 된다. 교사에게 제출할 과제를 쓰는 것이 아니라, 수백 년 전 저자와 수백 년 후 독자 사이에서 자신의 목소리를 내는 것이다.

따라서 저자가 된다는 것은 단순히 글을 '잘 쓰는 법'을 배우는 것이 아니다. 그것은 내가 남긴 언어가 시공간을 넘어 다양한 타자와 맺을 관계를 상상하고, 그 관계 속에서 나의 정체성을 다시 쓰는 일이다. 글쓰기는 닫힌 종결이 아니라 열린 시작이며, 현재와 미래의 도달할 청중에게 건네는, 응답을 기다리는 초대장이 된다.

참고문헌

김명민(2023). 공동추론 기반 문학 토의 수업 모형 개발. 가톨릭대학교 대학원, 독서교육전공 박사학위 논문.

이재기(2017). 응답성과 대화적 글쓰기. 《국어교육》, 156, 1-26.

Bakhtin, M. M.(1986). *Speech Genres and Other Late Essays.*

McGee, V. W.(Trans.); Emerson, C. & Holquist, M.(Eds.). University of Texas Press. 『말의 미학』. 박종소·김희숙 옮김(2006). 도서출판 길.

Nietzsche, F.(1883). *Also sprach Zarathustra.* 『차라투스트라는 이렇게 말했다』. 장희창 옮김(2004). 민음사.

Nietzsche, F.(1908). *Ecce Homo.* 『이 사람을 보라』. 박찬국 옮김(2022). 아카넷.

Nussbaum, M. C.(1995). *Poetic Justice: The Literary Imagination and Public Life.* Beacon Press. 박용준 옮김(2013). 『시적 정의: 문학적 상상력과 공적인 삶』. 궁리출판사.

09

공동추론 수업 모형과 적용

「검은 고양이」를 바탕으로 공동추론 기반 문학 수업의 다섯 단계―가치 몰입, 이해, 측정, 확장, 실천―를 실제 적용한 사례를 제시한다. 독자가 신뢰하기 어려운 화자의 목소리를 경청하고, 내포 저자의 서사 전략을 해석하며, 공동체적 · 보편적 관점에서 텍스트를 재구성하고 응답하는 과정을 통해, 문학 읽기의 윤리성과 실천 가능성을 탐색한다.

불편한 이야기, 대화의 시작

포(Edgar Allan Poe)의 「검은 고양이」는 읽는 순간부터 독자를 불편하게 만든다. 화자는 자신의 이야기를 "진실 그대로" 말하겠다고 다짐하지만, 동시에 "나는 미치지 않았다"는 말을 반복한다. 이 선언은 곧바로 의심을 불러온다. 우리는 이 인물을 믿어야 할까? 아니면 그의 말을 끝내 거부해야 할까?

공동추론 기반 문학 수업은 바로 이 불편함에서 출발한다. 학생들은 신뢰하기 어려운 화자의 목소리를 경청하고, 내포 저자의 서사 전략을 추론하며, 공동체와 보편의 관점에서 다시 판단하고 응답한다. 다섯 단계—가치 몰입, 이해, 측정, 확장, 실천—을 거치는 동안, 한 편의 소설은 단순한 공포 이야기가 아니라 윤리적 성찰의 장으로 변모한다.

가치 몰입 – 경청의 용기

첫 번째 단계는 '가치 몰입'이다. 여기서 학생들은 화자의 도덕성을 단정하거나 비난하기 전에, 그의 감정을 먼저 들어 본다. 술에 취해 성격이 변하고, 사랑하던 고양이를 학대하며, 끝내 아내까지 살해하게 된 그의 고백은 독자를 거부감으로 몰아넣는다. 그러나 수업에서는 그 불편한 고백을 일단 멈추어 듣는다.

교사는 학생들에게 감정 어휘 카드를 나누어 준다. "이 장면에서 화자가 느낀 감정은 무엇일까요?" 어떤 학생은 '사랑', 또 다른 학생은 '집착'이라 적는다. 그 차이가 토론을 만든다. 사랑이라고 불렀지만, 그 속에 얼마나 많은 폭력과 자기기만이 숨어 있는지 함께 추적한다.

여기서 중요한 것은 '경청의 윤리'다. 학습자는 사회적으로 용납되기 어려운 인물, 심지어 살인자의 고백에도 잠시 귀 기울이는 훈련을 한다. 이 훈련은 단순한 감정이입을 넘어, 낯선 타자의 목소리를 경청하는 윤리적 태도를 길러 준다.

가치 이해 – 내포 저자의 손길

이제 독자는 화자의 감정에 머무르지 않고, 이야기 구조와 상징을 따라 내포 저자의 의도에 몰입한다. 왜 포는 신뢰할 수 없는 화자를 선택했을까? 왜 소설 전체를 '사형 전날의 고백' 형식으로 썼을까?

학생들은 이야기 속 상징과 구조를 하나씩 짚어 나간다. 두 번째 고양이의 이마에 새겨진 '교수대의 흉터', 벽 속에 감춰진 시체, 회고 형식의 플롯. 이런 장치들은 단순한 공포가 아니라, 죄책감의 반복과 인간 내면의 붕괴를 드러낸다.

교사는 학생들에게 이렇게 묻는다. “내포 저자가 우리에게 들려주려는 목소리는 무엇일까요?” 학생들은 주제를 명제화한다. “죄의식은 인간을 끝내 파괴한다.”, “자신의 폭력을 직면하지 않으면 죄는 되풀이된다.” 이때 독자는 단순히 화자의 이야기를 따르는 자리를 넘어, 저자 청중으로 옮겨 앉는다. 작품을 시대적 맥락 속에 두고, 포의 삶과 19세기 금주 운동, 사회의 시선을 함께 살핀다.

가치 측정 – 공동체의 자리에서

세 번째 단계는 ‘가치 측정’이다. 이제 학습자는 내포 저자가 제시한 규범적 메시지를 공동체의 관점에서 검토한다. 화자의 불행은 개인의 중독 때문일까, 사회의 무관심 때문일까? 그의 범죄는 죄의식의 파괴적 힘을 증명하는가, 아니면 책임 회피의 변명에 불과한가?

학생들의 답은 갈린다. 어떤 이는 “사회가 더 도와주었다면 이 파멸은 막을 수 있었다”라고 말하고, 또 다른 이는 “그는 끝내 자신의 죄를 타인에게 전가했다”라고 주장한다. 이 논쟁 속에서 학습자는 자신의 판단을 수정하거나 강화한다. 중요한 것은, 혼자만의 직관이 아니라 타인의 논거를 경청하며 판단을 숙고하는 경험이다.

이 과정은 문학 교육이 단순히 해석의 다양성을 인정하는 데 그치지 않음을 보여 준다. 가치는 경합되고, 숙고되고, 조정된다. 그리고 바로 그 자리에서 공동추론이 작동한다.

가치 확장 – 보편청중의 시선

네 번째 단계는 독자가 보편청중의 자리에 서는 것이다. 더 이상 특정 공동체 안에서만 판단하지 않고, 낯선 타자의 자리에서 다시 생각해 보는 훈련이다.

교사는 역할 카드를 나누어 준다. 어떤 학생은 '정신과 의사', 어떤 학생은 '피해자 가족', 또 다른 학생은 '동물 보호 운동가'가 된다. 각자 그 자리에 서서 화자의 고백을 다시 읽는다. "정신과 의사라면 이 화자를 어떻게 이해할까요?", "동물 보호 운동가는 이 이야기를 어떻게 평가할까요?" 질문이 교실을 채운다.

이 과정에서 학습자는 자신이 속한 공동체의 시선이 충분하지 않다는 사실을 깨닫는다. 다른 시대, 다른 문화, 다른 정체성의 목소리를 상상하는 것, 그것이 보편청중으로의 확장이다.

공동추론 기반 읽기 수업 모형으로 분석한 「검은 고양이」

작품 개요	죽기 전날, 한 남자가 자신의 과거 범죄를 자백하듯 기록한 고백체 소설. 알코올 중독과 광기로 인해 벌인 고양이 학대와 살인 사건이 중심.
인물의 내면 변화	초반엔 죄책감을 느끼지만, 점차 감정을 마비시키고 폭력성을 합리화함. 후반부엔 자기도 이해하지 못하는 내면의 공포와 죄책감에 휩싸임.
가치 몰입 (감정 중심)	이야기 화자의 고백을 경청하고 그의 감정에 몰입함. 독자는 알코올 중독자이자 살인자인 화자에게 감정이입할 수 있는지 스스로 질문하게 됨.
가치 이해 (저자 청중)	내포 저자는 검은 고양이라는 은유를 통해 죄책감, 공포, 윤리적 판단의 모호함을 드러냄. 이야기 구조는 역순행적 플롯으로 '고백문'처럼 구성됨. 포의 삶과 시대 배경을 최대한 이해하는 독자.
가치 측정 (공동체 청중)	내포 저자가 제시한 '죄의식'과 '윤리적 응보'라는 규범을 수용할지 논의. 독자들은 공동체 내에서 이 가치가 유효한지, 거리 두기 하며 검토함. '감형 vs 엄벌' 토론 가능.
가치 확장 (보편청중)	보편청중으로서 다양한 정체성의 인물(철학자, 심리학자, 피해자 가족 등)의 시각을 상상하여 가치 판단을 확장함.
가치 실천 (청중에서 저자로)	저자의 목소리에 응답하는 글쓰기 활동. '내가 화자였다면?' 혹은 '피해자 가족이었다면' 어떤 응답을 선택할 것인가. 자신의 감정과 신념을 성찰함.

가치 실천 – 청중에서 저자로

마지막 단계는 '가치 실천'이다. 이제 학생들은 독자의 자리를 넘어, 저자로 선다. 내포 저자의 메시지에 어떻게 응답할 것인가. 받아들일 것과 거부할 것, 재구성할 것은 무엇인가.

활동의 방식은 다양하다. 어떤 학생은 "내가 저자라면 이야기를 이렇게 바꾸겠다"고 다시 쓰기를 하고, 또 다른 학생은 피해자 가족의 목소리로 편지를 쓴다. 누군가는 선언문을 발표하기도 한다. 중요한 것은, 각자의 언어로 책임 있는 응답을 구성하는 것이다.

이때 글쓰기는 단순한 감상이 아니라, 다음 독자를 향한 발화가 된다. 열린 채로 끝나며, 또 다른 응답을 부른다.

「검은 고양이」 수업 사례는 공동추론 기반 읽기 모형이 어떻게 작동하는지 보여 준다. 경청에서 출발해, 해석과 판단을 거쳐, 보편적 성찰과 실천으로 나아가는 과정. 그 여정은 결국 하나의 윤리적 요청으로 모인다. 응답은 끝맺음이 아니라, 다음 대화를 열어 가는 시작이다.

참고문헌

Poe, E. A.(1843). *The Black Cat*. The Saturday Evening Post.

전승희 옮김(2017). 『검은 고양이』. 민음사.

10

대화적 읽기와 리터러시의 미래

대화적 읽기는 정보를 해독하는 기술을 넘어, 감정과 윤리, 공동체적 성찰을 포괄하는 미래형 리터러시다. 학생은 읽기를 통해 타자의 감정과 신념에 응답하는 존재로 성장하며, 독서는 윤리적 만남이자 시민적 실천이 된다. 공동추론은 이를 가능하게 하는 구조로 작동하며, 읽기의 기술을 삶의 철학으로 전환한다.

응답의 리터러시

알고리즘은 우리 취향을 정밀하게 예측하지만, 우리 세계를 조금씩 좁힌다. 비슷한 확신끼리 모이고, 낯선 목소리는 점점 멀어진다. 댓글은 빠르게 붙지만, 책임은 느리게 따라온다. 우리는 이미 너무 많이 읽지만, 읽은 만큼 서로를 이해하지는 못한다. 정보는 넘치는데, 의미는 자꾸 모서리로 밀려난다.

이 책이 끝에서 다시 "대화적 읽기"를 부르는 까닭은 여기에 있다. 읽기를 다시 관계의 기술로 회복하기 위해서다. 대화적 읽기는 해석의 기교가 아니다. 그것은 낯선 타자의 말에 응답할 준비를 갖추는 일이다. 바흐친이 말했듯 우리의 언어는 처음부터 응답적이고, 어떤 발화도 독백으로 끝나지 않는다. 그러므로 읽기는 언제나 다음 발화를 떠맡는 자리다. 그 자리에서 독자는 더 이상 감상자로 머물지 않는다. 저자의 말에 자기 언어로 책임 있게 대답하는 사람이 된다.

오늘의 갈등은 단순히 인식 부족에서 비롯되지 않는다. 서로 다른 정서, 가치, 경험의 지형이 낳은 긴장이다. 그래서 비판적 읽기만으로는 부족하다. 오류를 찾는 능력만으로는 함께 살 근거를 만들 수 없다.

이 책이 제안한 대화적 읽기는 바로 이 변화를 교육의

구조로 만들었다. 텍스트를 두 겹의 소통으로 읽는 것이다. 하나는 텍스트 내부의 소통－저자와 청자, 이야기 화자와 이야기 청자, 내포 저자와 저자 청중, 보편청중을 향한 지향까지. 다른 하나는 교실에서의 소통－독자와 독자, 즉 읽는 공동체다. 이 두 소통이 맞물릴 때 독서는 인격적 만남이 된다.

우리는 이 만남을 다섯 단계로 구현했다. 감정 몰입에서 시작해 가치 이해로, 가치 측정을 거쳐 가치 확장에 이르고, 마지막에 가치 실천으로 나아가는 흐름. 각 단계는 서로 겹치며 앞으로 밀어 준다. 여기에 다섯 가지 운영 원리가 깔린다. 관계성－낯선 타자와의 만남을 우선한다. 유기성－감정, 신념, 가치를 통합적으로 본다. 합당성－더 설득력 있는 근거를 찾는다. 윤리 비평－인물과 서사에 대한 도덕적 성찰을 훈련한다. 비계 설정－감정 카드, 역할 카드 등으로 상상과 판단을 돕는다.

이 구조 덕분에 교실의 대화는 몰입-이해-판단-확장-응답의 리듬을 타게 된다. 독자는 이 과정에서 텍스트에 더 깊이 몰입했고, 그 안의 가치를 자기 언어로 옮겼으며, 공동체 안에서 합당성을 논박했고, 보편청중의 관점으로 자기 확신을 시험했다. 마지막에는 저자의 목소리에 공적 응답으로 대답하는 자리까지 나아갔다.

이 과정에서 독자는 저자로 변화한다. 텍스트를 받아들이는 것을 넘어, 자기 목소리로 세상에 응답하는 존재가 된다. 읽기는 이제 이해에 머물지 않고, 응답과 책임의 영역으로 확장된다. 이것이 대화적 읽기가 지향하는 저자 되기다.

시민적 친애의 실천

왜 우리는 응답의 리터러시를 제안했는가? 그것은 읽기를 편향의 안전지대에서 꺼내, 친애의 관계로 회복하기 위해서였다.

리터러시 교육은 공동체성을 강조해 왔다. 그럼에도 불구하고 해석의 다양성과 비판을 강조한 읽기는 깊이와 건설성을 동시에 확보하는 데는 한계를 보였다. 파편화되고 편향된 읽기가 강화되는 현대 사회에서, 우리에게 필요한 것은 건설적 대안이었다. 차이를 인정하되 판단을 포기하지 않고, 비판하되 관계를 유지하며, 함께 더 나은 이해를 향해 나아가는 읽기. 즉 친애의 공동체를 위한 읽기였다.

아리스토텔레스는 인간을 정치적 동물이라고 했다. 그에게 정치는 권력 투쟁이 아니라 공동선을 추구하는 일이었고, 그 공동선은 친구들 사이의 우정에서 시작된다고 보았다. 친애란 서로 다른 생각의 차이를 포기하지 않으면서도 서로를 존중하며 함께 좋은 삶을 모색하는 관계다.

그가 말한 좋은 삶은 혼자만의 확신으로 완성되지 않는다. 개인의 선은 공동체의 선과 분리될 수 없고, 내가 옳다고 여기는 것은 타인 앞에서도 좋은 이유를 가져야 한다. 여기서 공동추론의 필요성이 생긴다. 함께 선을 탐색하고, 서로의 이유를 검토하며, 더 합당한 판단에 이르려는 시도. 이것이 공동추론이 지향하는 바였다.

부스와 누스바움은 공동추론의 필요성을 강조했다. 이 책은 그 문제의식에서 출발하여, 아리스토텔레스가 말한 실천적 지혜—구체적 삶에서 감정과 이성을 조율하는 능력—를 교육 현장에서 구현할 방법을 모색했다.

이 책이 제안한 대화적 읽기는 토의와 토론, 수사적 읽기를 역동적으로 종합하고 단계화하여, 공동추론의 정신을 구체적인 읽기 모형으로 구현하고자 했다. 감정 몰입에서 시작해 가치 이해, 가치 측정, 가치 확장을 거쳐 응답에 이르는 이 과정은 실천적 지혜를 키우는 대안이 될 수 있다.

친애의 공동체는 서로의 개별성을 침범하지 않으면서도 공동체를 위해 합당성을 경합한다. 이는 타협이 아니라 지혜를 통한 조화다. 내 의견을 포기하지 않으면서도 상대와의 관계를 포기하지 않는 용기가 필요하다. 상대를 대상화하지 않으면서도 진실을 추구하는, 진정한 만남의 자리를 탐색했다.

이것이 실천적 함의를 갖는 이유도 여기에 있다. 우리는 나의 견해를 주장하되 타인의 말을 듣고 수정할 용기를 배워야 하고, 진영 싸움을 넘어설 절차를 익힐 필요가 있다.

현대 사회의 갈등은 갈수록 복잡해지고, 문제의 이해관계자도 다양하게 얽혀 있다. 우리의 읽기는 더 이상 우리 공동체만을 위한 읽기로 충분하지 않다. 우리를 뛰어넘는 타자를 상상하며 읽을 수 있어야 한다.

페렐만이 말한 보편청중의 관점은 이러한 맥락에서 이해될 수 있다. 우리에게 그럴듯한가를 넘어, 그들에게도 납득 가능한가를 묻는 것. 이 질문이 대화의 출발점이 될 수 있다.

우리가 제안한 교실은 이런 친애의 공동체를 연습하는 곳이었다. 학생들은 자기주장의 변호사이면서 동시에 가장 신중한 배심원이 되었다. 경청이 평가되고, 근거 제시가 기록되고, 반론을 공정하게 재진술하는 태도가 칭찬받았다. 결과가 아니라 과정이 성과가 되었다. 그 과정에서 편향은 느슨해지고, 판단은 단단해졌다.

진짜 대화는 일방향의 말이나 구호로 완성되지 않는다.

서로 다른 의견의 합당성을 경합하면서, 친애의 관계를 잃지 않으려는 믿음, 그 마음이 대화의 시작이 되었다.

AI 시대, 대화의 리터러시

생성형 AI는 문장을 매끈하게 만들어 주고, 추천 시스템은 우리 취향에 맞는 뉴스를 골라 준다. 하지만 알고리즘이 만들어 내는 정보의 홍수 속에서 우리는 점점 더 편향된 읽기에 갇히고 있다.

이 정보의 홍수 속에서 우리는 어떤 것을 읽고, 누구와 대화를 나눠야 하는가? 앞으로 리터러시 교육이 주목해야 할 부분은 바로 이것이다. 정보의 편향성을 넘어서고, 알고리즘이 재생산하는 나만의 안전지대를 벗어나, 우리의 읽기가 닫힌 읽기가 아니라 열린 읽기가 되도록 하는 것.

바로 여기서 공동추론을 기반으로 하는 대화적 읽기의 방법이 대안이 된다. 이는 편향을 넘어서는 상상력을 기르고, 타인의 좋은 삶을 상상할 수 있는 품성 있는 독자를 기르는 교육이다.

문학은 그 상상력을 기르는 가장 좋은 훈련장이다. 구체적인 서사 속에서 인간의 유한성과 유약성을 마주하게 한다. 낯선 타인의 이야기는 우리의 윤리적 판단을 실험하게 하며, 인간 경험이 지닌 복합성을 이해하게 한다. 그 과정에서 독자는 자아 성찰적 존재가 된다.

그러나 리터러시 교육의 영역은 문학에 국한되지 않는다. 뉴스 기사, 논평, 정책 문서, 온라인 담론까지 모든 텍스트가 대화적 읽기의 대상이 될 수 있다. 중요한 것은 장르가 아니라, 그 텍스트를 통해 타자의 목소리를 듣고 응답하려는 태도다. 다른 독자와 감상을 나누는 상호작용을 통해 글이 죽은 텍스트가 아닌 존재와 존재의 만남이라는 것을 상기할 수 있게 된다.

이를 위해 교육은 특정 공동체를 벗어날 수 있는 객관적 시선을 기르는 데 집중해야 한다. 분별 있는 관찰자의 눈으로, 보편청중의 관점에서 타자를 상상할 수 있는 힘. 이런 읽기 능력이야말로 편향의 안전지대를 벗어나 열린 세계로 나아가는 길이다.

특히 교육의 공간은 낯선 이와 낯선 말이 환영받는 곳이어야 한다. 그곳에서 학생들은 편향의 안전지대에서 벗어날 용기를 기른다. 교사는 속도를 낮추는 사람이어야 한다. 너무 빨리 판단하지 않도록, 잠시 보류하는 시간을 마련해야 한다. 또 찬반 토론을 첨예한 대립으로 끝내는 것이 아니라 숙고의 시간으로 삼아, 자기 입장을 수정할 수 있는 용기도 가르쳐야 한다.

대화적 읽기는 특정 공동체의 확신을 더 넓은 청중의

저울 위에 올려놓는 연습을 포함한다. "우리에게 그럴듯한가?"에서 멈추지 않고, "그들에게도 납득 가능한가?"로 나아간다. 이 단순한 방향 전환이 대화를 가능하게 한다.

온라인 공간에서도 마찬가지다. 반대 의견을 가장 강하게 재구성해 보고, 출처와 맥락을 밝히고, 불확실성의 여지를 함께 명시하는 문화를 만들 수 있다. 출처를 명시하고, 반론을 초대하고, 자기 판단의 한계를 먼저 적어 두는 태도. 이것은 단지 예의가 아니라 편향을 넘어서려는 지적 양심이다.

우리가 겨냥하는 목표는 절대적 정답이 아니다. 그러나 그렇다고 아무 말이나 가능하다는 상대주의도 아니다. 그 사이에서 우리는 '더 합당한 이유'를 찾아간다. 바흐친의 응답성, 페렐만의 보편청중, 누스바움의 분별 있는 관찰자는 모두 타자 앞에서도 설명 가능한 판단을 모색한다는 점에서 만난다. 이것이 우리가 말하는 대화 리터러시의 기준이다.

대화가 '열려 있다'는 것은 모든 의견을 동등하게 옳다고 인정하는 것이 아니라, 아직 다다르지 못한 더 나은 이해 가능성을 받아들이는 태도다. 이때 수사학은 진리를 대체하는 기술이 아니라, 타인의 말 속에서 더 설득력 있는 근거를 식별하려는 지적 윤리로 작동한다. 그러므로 대화적 읽기는 단순히 다양한 견해를 나누는 일이 아니라, 서로 다른 이유들을 검증하며 공동으로 더 합당한 판단에 이르는 탐구의 형식이 된다.

AI 시대 교육의 초점은 이제 무엇을 읽느냐가 아니라 누구를 상상하며 읽느냐가 되어야 한다. 이 글이 어디서 시작되었는지, 내가 누구를 향해 말하는지, 대화의 상상력을 기르는 것이 핵심이다. 미래의 리터러시 교육은 텍스트를 익숙하게 잘 읽는 일이 아니라, 낯선 타자와의 만남을 상상하며 독자 자신을 확장하는 일이 되어야 한다. 이 책이 그 여정을 함께하는, 도달할 청중을 초대하는 작은 만남의 장이 되길 바란다.

참고문헌

Aristoteles. *Nicomachean Ethics*. 강상진·김재홍·이창우 옮김(2011). 『니코마코스 윤리학』. 도서출판 길.

Bakhtin, M. M.(1981). *The Dialogic Imagination: Four Essays*. 전승희·서경희·박유미 옮김(1988). 『장편소설과 민중언어』. 창작과비평사.

Booth, W. C.(1988). *The Company We Keep: An Ethics of Fiction*. University of California Press.

Booth, W. C.(1999). *For the Love of It: Amateuring and Its Rivals*. University of Chicago Press.

Buber, M.(1923). *Ich und Du.* 표재명 옮김(2001). 『나와 너』. 문예출판사.

Maneli, M.(1994). *Perelman's New Rhetoric as Philosophy and Methodology for the Next Century.* Kluwer Academic Publishers. 손장권·김상희 옮김(2006). 『페렐만의 신수사학: 새로운 세기의 철학과 방법론』. 고려대학교출판문화원.

Nussbaum, M. C.(1995). *Poetic Justice: The Literary Imagination and Public Life.* Beacon Press. 박용준 옮김(2013). 『시적 정의: 문학적 상상력과 공적 삶』. 궁리.

지은이

김명민

가톨릭대학교 교양학부에서 강의하고 있다. 동 대학에서 교육학 박사 학위를 받았으며, 철학적 인문 고전 읽기와 인성을 기르는 토론 교육 프로그램을 현장에서 기획·운영해 왔다. 논문으로는 “공동추론 기반 문학 토의 수업 모형 개발”(2023), “신문기사에 나타난 독서토론 담론의 비판적 분석”(2021), “독서토론 유형이 초등학생의 인성에 미치는 영향”(2016)이 있다. 최근에는 AI 시대에 필요한 창의적 문제 해결력과 인문적 사고력을 아우르는 윤리적 리터러시 교육을 탐구하고 있다.